志保田務・高鷲忠美
［編著］

情報資源組織法

演習問題集

第3版

［改訂］
志保田務・前川和子
〈編集代表〉
柳勝文・中村恵信・園田俊介
〈編集〉

第一法規

まえがき

本書は「情報資源組織演習」科目に対応した問題集，第３版です。構成は，省令にいう大綱に従って，書誌コントロール，目録（書誌レコード，主題分析），配架，デジタル資料（の組織化）の順としています。このうち，主題分析には件名検索と分類検索を含みます。以上の展開は『情報資源組織法』第３版（第一法規）の章立てに沿い，随時同書の解説を参照できるように図っています。また姉妹版『分類・目録法入門』新改訂第６版とも連携しています。問題解答のツールとして，NDC（分類表），同分類規程，BSH（件名標目表）などの抜粋を掲載しました。同様に目録演習に関してはタイトルページの転写を行いました。こうしたところでは，関係筋に大変お世話になりました。ご寛恕に感謝申し上げます。今般の改訂は，園田俊介，中村惠信，前川和子，柳勝文と共に編集しました。ご活用下さい。NDC新訂10版の一部転写をお許し下さった日本図書館協会にお礼申し上げます。この版の成立には，故・杉山誠司教授をはじめ旧版の改訂者によっています。当版の編集には第一法規株式会社，特に編集第三部の沼野好美さんの支えがありました。感謝します。

2021年３月１日

志保田　務

目　　次

Ⅰ　書誌コントロール

書誌コントロール関係の基本用語を確認しよう。

⇒『情報資源組織法 第3版』p 9 参照

1　用語

次の説明にあたる用語を選び，空欄に記号を入れなさい。

a　（　　）目録作成等を管理する機関
b　（　　）目録等の情報やその組織を総合する営為
c　（　　）ある文献または情報のテーマを明らかにする作業
d　（　　）資料を合理的な利用に適う形で陳列すること
e　（　　）書誌（群）の一種で所蔵をつけたもの
f　（　　）出版段階で図書そのものに刷り込まれている書誌データ。中央図書館が元データを提供する場合が諸国に多いが，日本では当該制度が未確立で，これにあたるものを一部出版社が独自に掲載する状態に止まる
g　（　　）図書など文献，資料の記録の各一点
h　（　　）国立図書館などで書誌データを一括作成すること
i　（　　）図書館などで資料等を利用に供するため，目録，書架配列その他を整える業務

① 書誌ユーティリティ
② 目録
③ 書誌レコード（書誌的記録），記入
④ 集中目録作業
⑤ 情報資源組織化
⑥ 書誌コントロール
⑦ 主題分析
⑧ 配架
⑨ CIP

2　目録記入の理解

＜国立国会図書館サーチ　データ（NDL）＞

タイトル　司書職制度の再構築　＝　Establishing a New Public Librarianship in Japan：日本の図書館職に求められる専門性

著者　大城善盛著

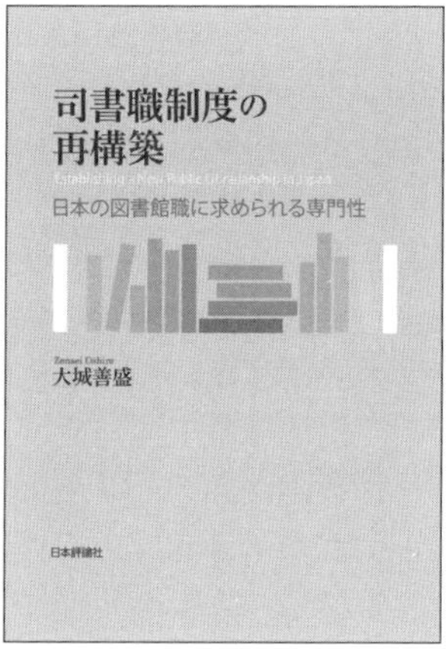

著者標目　大城善盛　1940-

出版地　東京

出版社　日本評論社

出版年月日等　2019. 12

大きさ・容量等　160p；22cm

注記：索引あり

ISBN 9784535587441

価格　4800円

JP番号　23317167

トーハンMARC番号　34010743

別タイトル：Establishing a New Public Librarianship in Japan

出版年（W 3 CDTF）2019

件名（キーワード）図書館員ー日本

NDLC　UL515

NDC（10版）013. 1：図書館経営・管理

NDC（ 9 版）013. 1：図書館管理

対象利用者　一般

資料の種別　図書

言語（ISO639- 2 形式）　jpn：日本語

3　書誌レコード：枠組み例（CiNii　ほか）

＜情報の見方のポイント＞

いずれの例も，原著の版をタイトル関連情報としている。また訳書の版表示“初版”はNCR1987Ⅲにおける原則と違い記録せず，出版年に月を加えている。その他の特徴については個々に記す。

①CiNiiBooks

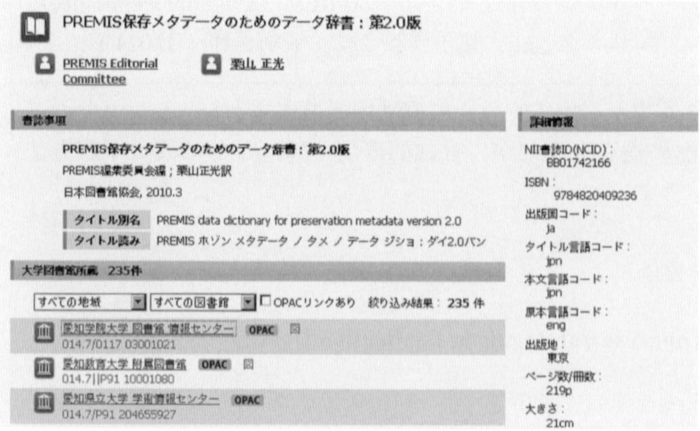

PREMIS保存メタデータのためのデータ辞書：第2.0版

PREMIS Editorial Committee　　栗山 正光

書誌事項

PREMIS保存メタデータのためのデータ辞書：第2.0版
PREMIS編集委員会編；栗山正光訳
日本図書館協会, 2010.3

タイトル別名　PREMIS data dictionary for preservation metadata version 2.0
タイトル読み　PREMIS ホゾン メタデータ ノ タメ ノ データ ジショ：ダイ2.0バン

大学図書館所蔵　235件

すべての地域　すべての図書館　OPACリンクあり　絞り込み結果：235 件

愛知学院大学 図書館 情報センター　OPAC
014.7/0117 03001021
愛知教育大学 附属図書館　OPAC
014.7||P91 10001080
愛知県立大学 学術情報センター　OPAC
014.7/P91 204655927

詳細情報

NII書誌ID(NCID)：
BB01742166
ISBN：
9784820409236
出版国コード：
ja
タイトル言語コード：
jpn
本文言語コード：
jpn
原本言語コード：
eng
出版地：
東京
ページ数/冊数：
219p
大きさ：
21cm

タイトル中のアルファベットをカナに直さずそのままトレーシングしている。共同目録システムゆえ所蔵館を表示している。

②NDL-OPAC

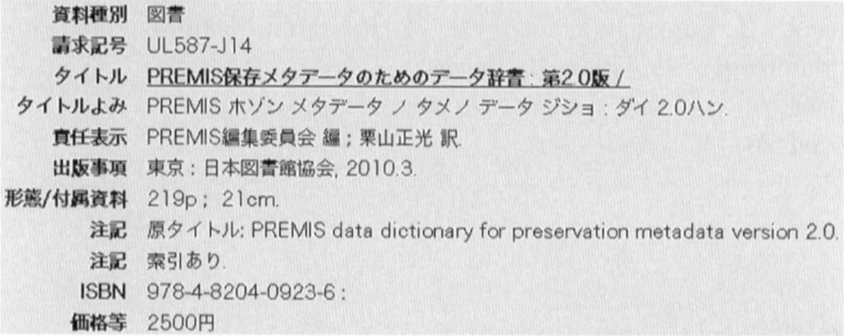

資料種別	図書
請求記号	UL587-J14
タイトル	PREMIS保存メタデータのためのデータ辞書：第2.0版 /
タイトルよみ	PREMIS ホゾン メタデータ ノ タメノ データ ジショ：ダイ 2.0ハン.
責任表示	PREMIS編集委員会 編；栗山正光 訳.
出版事項	東京：日本図書館協会, 2010.3.
形態/付属資料	219p；21cm.
注記	原タイトル: PREMIS data dictionary for preservation metadata version 2.0.
注記	索引あり.
ISBN	978-4-8204-0923-6：
価格等	2500円

タイトル中のアルファベットをカナに直さずそのままトレーシングしている。書誌的事項（欄）の末尾に「. 」や「：」を打つ。

③CIPデータ（出版者・日本図書館協会自体の作成による）

PREMIS保存メタデータのためのデータ辞書　：　第2.0版　／
PREMIS編集委員会［編］　；　栗山正光訳．－　東京　：　日本図書
館協会，2010．　－　219p　；　21cm．　－　PREMIS Data Dictionary of
Preservation Metadata version 2.0の翻訳．－　ISBN978-4-8204-0923-6

t1．プレミス　ホゾン　メタデータ　ノ　タメ　ノ　データ　ジショ
a1．プレミス　ヘンシュウ　イインカイ（PREMIS Editorial Committee）
a2．クリヤマ，マサミツ　s1．電子資料　s2．資料保存　①014.7

タイトル中のアルファベットをカナに直さずそのままトレーシングしたのはNCR1987Ⅲの原則に従うものだが，書誌的事項（欄）ごとに改行する方法にはよっていない。

④CIPデータ（洋書例）

Library of Congress Cataloging-in-Publication Data

Kuhlthau, Carol Collier, 1937-
Seeking meaning : a process approach to library and information services / by Carol Collier Kuhlthau.
p. cm. -(Information management, policy, and services)
Includes bibliographical references (p.)and indexes.
ISBN 0-89391-968-3. - ISBN 1-56750-019-6(pbk.)
1. Reference services(Libraries)-United States. 2. Searching, Bibliographical. 3. Information retrieval. 4. Research - United States - Methodology. I. Title. II. Series.
Z711. Z84 1992
025. 5' 2 '0973-dc20

92-40770
CIP

Ⅱ　目録作業

1　記述の作成

（1）和資料の情報源と演習

NCR1987Ⅲに基づいて，次頁からの情報源によって，目録記入の記述部分を作成しなさい。なお，ここで作成した記録は維持（管理）して，後の2（1）で標目指示を行う。

⇒『情報資源組織法 第3版』p61参照

＜記入例＞　NCR1987年版改訂第3版（NCR1987Ⅲ）によるカードイメージ

タイトル␣：␣タイトル関連情報␣／␣責任表示␣；␣関連責任表示．␣—␣版表示
出版地␣：␣出版者，␣出版年
ページ数␣；␣大きさ．␣—␣（シリーズ␣；␣シリーズ番号）
注記
ISBN
（記述）

t1. タイトル標目　a1. 著者標目　s1. 件名標目　①分類標目
（標目指示）

※記述において␣はスペース（空白）を表す。タイトルから版まで一連に記す。版において情報源に表示があれば「初版」も記す。刷は無視。出版事項以下は，事項の種類ごとに改行。ただし，シリーズに関する事項は「(　)」に入れて形態事項の後に記す。

《A　タイトルと責任表示》
①タイトル　／　責任表示
著者　○○　→　␣／␣○○著
（『情報資源組織法 第3版』p71）責任表示 参照）

頁付　223p
大きさ　18.8cm
ISBN　978-4-10-328411-6

萩野正昭（はぎの・まさあき）
1946年、東京都生まれ。早稲田大学第一法学部卒業。株式会社ボイジャー代表取締役。映画助監督をふりだしに、映画制作、レーザーディスク制作を経て、1992年ボイジャー・ジャパンを設立。東京大学大学院情報学環非常勤講師、『季刊・本とコンピュータ』編集委員などを務める。長年にわたり、日本における電子出版の普及に尽力しつづけている。『マガジン航』発行人（http://www.dotbook.jp/magazine-k/）、『理想書店』主宰（http://www.dotbook.jp/store/）。

電子書籍奮戦記《でんししょせきふんせんき》

発　行　二〇一〇年一一月二〇日

著　者　萩野《はぎの》正昭《まさあき》
発行者　佐藤隆信
発行所　株式会社新潮社
郵便番号　一六二-八七一一
東京都新宿区矢来町七一
電話　編集部〇三-三二六六-五六一一
読者係〇三-三二六六-五一一一
http://www.shinchosha.co.jp
印刷所　大日本印刷株式会社
製本所　加藤製本株式会社
乱丁・落丁本は、ご面倒ですが小社読者係宛お送り下さい。
送料小社負担にてお取替えいたします。
価格はカバーに表示してあります。
©Hagino Masaaki 2010, Printed in Japan
ISBN978-4-10-328411-6　C0095

A

②編者

編者　○○　→　␣／␣○○編

頁付　　338p

大きさ　21.4cm

(ISBNなし)

公立図書館の思想と実践

森　耕一追悼事業会

公立図書館の思想と実践

定価6,500円（本体6,305円）

編集　森耕一追悼事業会
発行　森耕一追悼事業会
〒650 神戸市中央区港島中町
3－1，49－204
川崎方 TEL 078－302－3162
印刷　株式会社 天理時報社

1993年11月14日 印刷

A

③

「著者○○」との表示がないもの　→　␣／␣○○［著］

（『情報資源組織法 第3版』p72 b.記録の方法 参照）

頁付　　x，223，8p

大きさ　18.7cm

ISBN　　4-89359-192-4

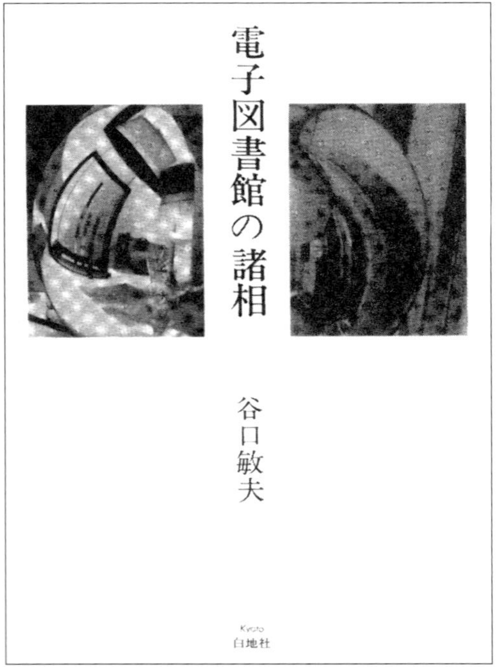

電子図書館の諸相

谷口敏夫

Kyoto

白地社

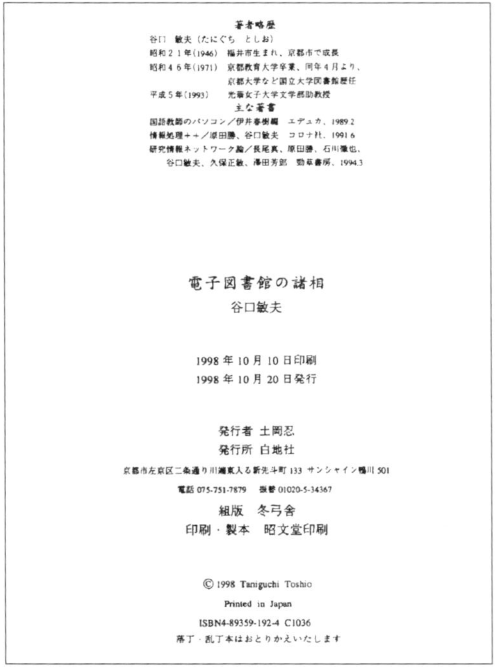

著者略歴

谷口　敏夫（たにぐち　としお）

昭和21年（1946）　福井市生まれ、京都市で成長

昭和46年（1971）　京都教育大学卒業、同年4月より、京都大学など国立大学図書館歴任

平成5年（1993）　光華女子大学文学部助教授

主な著書

国語教師のパソコン／伊井春樹編　エデュカ、1989.2

情報処理＋＋／原田勝、谷口敏夫　コロナ社、1991.6

研究情報ネットワーク論／長尾真、原田勝、石川徹也、谷口敏夫、久保正敏、澤田芳郎　勁草書房、1994.3

電子図書館の諸相

谷口敏夫

1998年10月10日印刷

1998年10月20日発行

発行者 土岡忍

発行所 白地社

京都市左京区二条通り川端東入る新先斗町133 サンシャイン鴨川501

電話 075-751-7879　振替 01020-5-34367

組版　冬弓舎

印刷・製本　昭文堂印刷

© 1998 Taniguchi Toshio

Printed in Japan

ISBN4-89359-192-4 C1036

落丁・乱丁本はおとりかえいたします

A

④タイトル全体囲む記号省略

『○○』　→　○○␣／␣

(NCRの規則にないが慣例による)

頁付　　102p

大きさ　21.1cm

(ISBNなし)

南河内ことば辞典

やぃ　われ！

富田林　河内弁研究会　編

『南河内ことば辞典　やぃ われ！』

平成13年8月8日

編集・発行

富田林　河内弁研究会

〒584－0093

大阪府富田林市本町16－28

富田林市立中央公民館　内

印　刷

オールプリント

A

⑤タイトル一部を囲む記号は維持　（情報源どおりに）
（『情報資源組織法 第３版』実例集８ 参照）

頁付　461p
大きさ　19.4cm
ISBN　4-8334-1716-2

〔著者紹介〕
佐野眞一（さの しんいち）
1947（昭和22）年、東京生まれ。早稲田大学文学部卒業後、出版社勤務を経て、ノンフィクション作家に。97（平成９）年、民俗学者の宮本常一と渋沢敬三の生涯を描いた『旅する巨人』で第28回大宅壮一ノンフィクション賞を受賞。
著書に『性の王国』『業界紙諸君！』『遠い「山びこ」』『巨怪伝』『カリスマ』『凡宰伝』『東電ＯＬ殺人事件』などがある。

だれが「本」を殺すのか

発　行――2001年２月15日　第１刷発行

著　者――佐野 眞一
発行者――綿引 好夫
発行所――株式会社プレジデント社
〒102-8641　東京都千代田区平河町 2-13-12
ブリヂストン平河町ビル
電話：編集 (03) 3237-3711
販売 (03) 3237-3731
振替：00180-7-35607
印刷・製本―中央精版印刷株式会社

ISBN4-8334-1716-2 C0095

《B　タイトル関連情報》　タイトル␣：␣タイトル関連情報
　関連情報に関わる記号についてはタイトルの場合と同じ

⑥

図書館人物伝　―　図書館を育てた20人の功績と生涯
／　日本図書館文化史研究会編
→　図書館人物伝␣：␣図書館を育てた20人の功績と生涯␣／␣○○編　（『情報資源組織法 第3版』実例集10参照）

頁付　457p
大きさ　20.9cm
ISBN　978-4-8169-2068-4

図書館人物伝
図書館を育てた20人の功績と生涯
日本図書館文化史研究会 編
日外選書
Fontana

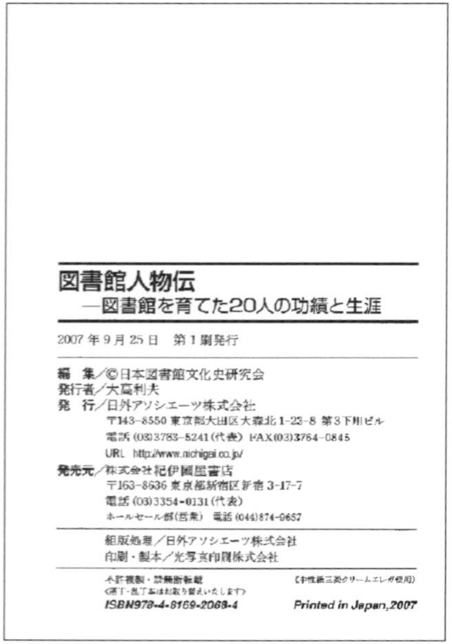

図書館人物伝
―図書館を育てた20人の功績と生涯

2007年9月25日　第1刷発行

編　集／©日本図書館文化史研究会
発行者／大高利夫
発　行／日外アソシエーツ株式会社
〒143-8550 東京都大田区大森北1-23-8 第3下川ビル
電話(03)3763-5241(代表) FAX(03)3764-0845
URL http://www.nichigai.co.jp/
発売元／株式会社紀伊國屋書店
〒163-8636 東京都新宿区新宿3-17-7
電話(03)3354-0131(代表)
ホールセール部(営業)　電話(044)874-9657

組版処理／日外アソシエーツ株式会社
印刷・製本／光写真印刷株式会社

不許複製・禁無断転載
<落丁・乱丁本はお取り替えいたします>
【中性紙三菱クリームエレガ使用】
ISBN978-4-8169-2068-4
Printed in Japan,2007

《C　責任表示》　タイトル␣／␣責任表示

C 1　責任表示が 2 の場合

⑦タイトル␣／␣責任表示 a, b

公立図書館の役割を考える　伊藤昭治・山本昭和　編著

→　␣／␣伊藤昭治，␣山本昭和編著

頁付　　251p

大きさ　21.1cm

ISBN　　4-930992-13-3

公立図書館の役割を考える

伊藤昭治・山本昭和 編著

日 本 図 書 館 研 究 会

公立図書館の役割を考える

2000年 2 月27日　発行　　本体価格　2,000円

著　者　伊藤昭治・山本昭和 編著

発行所　日本図書館研究会
〒531-0072　大阪市北区豊崎3-8-5-108
電話&FAX　06-6371-8739　振替　00910-0-57558

印刷・製本　㈱柴原出版　　ISBN 4-930992-13-3

C 1

⑧タイトル␣：␣タイトル関係情報␣／␣責任表示

「バーモントカレー」と「ポッキー」―食品産業マーケティングの深層 ― 岸本裕一 青谷実知代著 農林統計協会

→ 「バーモントカレー」と「ポッキー」␣：␣食品産業マーケティングの深層␣／␣岸本裕一，␣青谷実知代著

「バーモントカレー」と「ポッキー」

―食品産業マーケティングの深層―

岸本 裕一
青谷実知代 著

農林統計協会

頁付 ix，200p 図版 6 枚

大きさ 18.2cm

ISBN 4-541-02653-8

〔岸本裕一は後に岸本喜樹朗と改名。当書⑯，㉘参照〕

「バーモントカレー」と「ポッキー」

―食品産業マーケティングの深層―

2000 年 11 月 1 日 印刷
2000 年 11 月 10 日 発行©

定価はカバーに表示してあります。

著 者 岸 本 裕 一
青 谷 実知代
発行者 神 野 昭 一
発 行 財団法人農林統計協会

〒153-0064 東京都目黒区下目黒 3-9-13
目黒・炭やビル
電話 03-3492-2987（出版普及部）
03-3492-2950（編 集 部）
振替 00190-5-70255
PRINTED IN JAPAN 2000

落丁・乱丁本はお取り替えします。 印刷 新日本印刷(株)

ISBN 4-541-02653-8 C3033

C２　責任表示が３以上の場合

⑨

21世紀の学校図書館␣：␣情報化・専任司書教諭・学図法改正␣／␣西澤清，␣荘司英夫監修␣；␣日本学校図書館教育協議会編␣；␣赤尾勝己␣［ほか］␣著

（『情報資源組織法 第３版』実例集11 参照）

頁付　299p
大きさ　21.2cm
ISBN　4-8450-0343-0

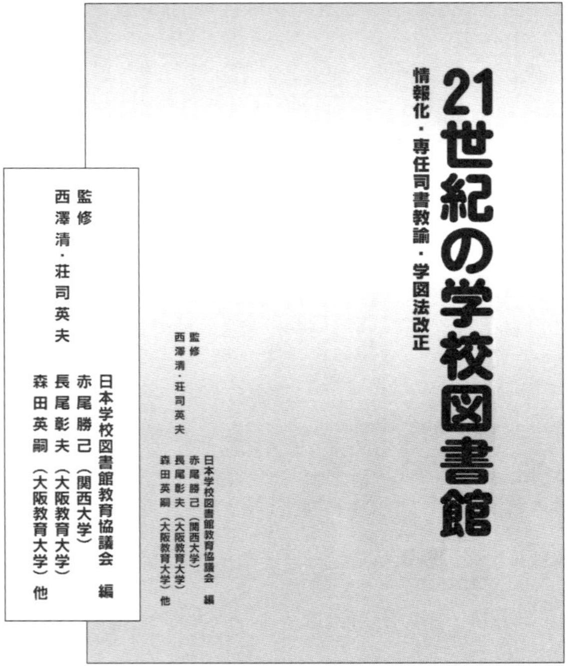
21世紀の学校図書館
情報化・専任司書教諭・学図法改正
監修
西澤清・荘司英夫
日本学校図書館教育協議会　編
赤尾勝己（関西大学）
長尾彰夫（大阪教育大学）
森田英嗣（大阪教育大学）他

監修
西澤清・荘司英夫
日本学校図書館教育協議会　編
赤尾勝己（関西大学）
長尾彰夫（大阪教育大学）
森田英嗣（大阪教育大学）他

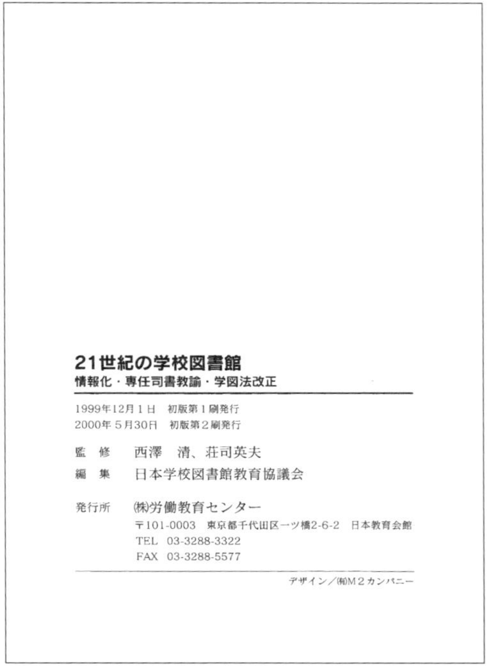
21世紀の学校図書館
情報化・専任司書教諭・学図法改正

1999年12月１日　初版第１刷発行
2000年５月30日　初版第２刷発行

監　修　西澤　清、荘司英夫
編　集　日本学校図書館教育協議会

発行所　㈱労働教育センター
〒101-0003　東京都千代田区一ツ橋2-6-2　日本教育会館
TEL　03-3288-3322
FAX　03-3288-5577

デザイン／㈲M２カンパニー

C３　責任表示２種以上の場合（ａは一種目，ｂは二種目）

⑩

タイトル　／　責任表示ａ␣；␣ｂ

快眠の医学␣：␣「眠れない」の謎を解く␣／␣早石修，␣井上昌次郎編␣；␣吉永良正構成

（『情報資源組織法 第３版』実例集11 参照）

頁付　255p

大きさ　19.4cm

ISBN　4-532-16317-X

快眠の医学

「眠れない」の謎を解く

早石修
井上昌次郎 編

吉永良正 構成

日本経済新聞社

〈編者〉

早石修（はやいし・おさむ）

大阪バイオサイエンス研究所名誉所長。大正９年生まれ。日本学士院会員。文化勲章（昭和47年）。京都大学名誉教授。昭和17年大阪帝国大学医学部卒。大阪大学教授、東京大学教授、京都大学医学部長を歴任。睡眠物質研究の第一人者。

井上昌次郎（いのうえ・しょうじろう）

東京医科歯科大学生体材料工学研究所長。昭和10年生まれ。昭和40年東京大学大学院生物系研究科博士課程修了。東京医科歯科大学教授を経て、現職。睡眠のしくみを脳科学の立場から研究。睡眠研究の第一人者。

〈構成〉

吉永良正（よしなが・よしまさ）

サイエンス・ライター。昭和28年生まれ。京都大学理学部数学専攻および文学部哲学科卒業。著書に『「複雑系」とは何か』（講談社）など多数。

快眠の医学
――「眠れない」の謎を解く

二〇〇〇年三月十六日　一刷

編者――早石修／井上昌次郎

発行者――小林豊彦

発行所――日本経済新聞社
http://www.nikkei.co.jp/pub/
東京都千代田区大手町一－九－五
郵便番号一〇〇－八〇六六
電話　〇三（三二七〇）〇二五一
振替　東京　〇〇一三〇－七－五五五

印刷――精興社
製本――大口製本

Printed in Japan ISBN4-532-16317-X

C 3
⑪訳者，解説者
→␣／␣アントネッラ・アンニョリ著␣；␣萱野有美訳
␣；␣柳与志夫解説

（『情報資源組織法 第3版』p71 a.責任表示とするものの範囲 参照。その別法によると解説者は注へ）
頁付　251p
大きさ　19.1cm
ISBN　978-4-622-07562-2　写真あり

アントネッラ・アンニョリ

知の広場

図書館と自由

萱野有美訳
柳 与志夫 解説

みすず書房

アントネッラ・アンニョリ
知の広場
図書館と自由

萱野有美訳
柳 与志夫解説

2011年5月2日　印刷
2011年5月10日　発行

発行所 株式会社 みすず書房
〒113-0033 東京都文京区本郷5丁目32-21
電話 03-3814-0131（営業） 03-3815-9181（編集）
http://www.msz.co.jp

本文・口絵組版 キャップス
本文・口絵印刷所 中央精版印刷
扉・表紙・カバー印刷所 栗田印刷
製本所 中央精版印刷

© 2011 in Japan by Misuzu Shobo
Printed in Japan
ISBN 978-4-622-07562-2
［ちのひろば］
落丁・乱丁本はお取替えいたします

《D　版表示》

Ｄ１　版表示

⑫

（『情報資源組織法 第３版』p73 ③ ｉ）参照）

頁付　11，183p

大きさ　21cm

ISBN　978-4-474-02292-8

分類・目録法入門（新改訂第５版）―メディアの構成―
（別冊付録：目録記入実例集）

1987年４月20日　初版発行
1991年７月10日　改訂版発行
1996年９月30日　新改訂版発行
1999年４月15日　新改訂第２版発行
2002年４月５日　新改訂第３版発行
2005年５月10日　新改訂第４版発行
2007年３月20日　新改訂第５版発行
2014年６月５日　新改訂第５版第７刷発行

著　者　木原通夫，志保田務
（新改訂 ©志保田務，井上祐子，向畑久仁，中村静子）

発行者　田　中　英　弥

発行所　第一法規株式会社
〒107-8560　東京都港区南青山2-11-17
ホームページ　http://www.daiichihoki.co.jp/

分類・目録－新５　ISBN978-4-474-02292-8 C2000(1)　© 2007

《E　出版事項》

E 1　出版地

⑬

→　大島町（山口県）␣：␣日良居タイムス，␣2012

（『情報資源組織法 第 3 版』p75 b.記録の方法 参照）

頁付　　x，268p

大きさ　268cm

（ISBNなし）

図あり

著者：河井弘志（カワイ，ヒロシ）
1936 年 4 月 21 日、山口県大島郡日良居村（現周防大島町）日前 1039 に生まれる。
島中小学校・日良居中学校・安下庄高等学校・京都大学で学び、山口県立高校勤務。京都大学大学院で図書館学専攻。東京大学助手。ドイツで図書館実習。フェリス女学院大学・日本体育大学で図書館勤務。大東文化大学・立教大学で図書館学担当。2002 年定年退職。教育学博士（東京大学）。主として図書選択理論（アメリカ）、図書館学・公共図書館思想（ドイツ）を研究。

マルティン・シュレッツティンガー：啓蒙思想と図書館学
Martin Schrettinger : Aufklärung und Bibliothekswissenschaft

2012 年 7 月 10 日	初版発行	
著　者	河井弘志	
	742-2804 山口県大島郡周防大島町日前 1039	
発行人	日良居タイムス	
	742-2804 山口県大島郡周防大島町日前 1749	
	Tel: 0820-73-0649	

E 2　出版者

⑭

→「図書館学校」創設90周年記念事業報告書編集委員会，␣2012

西暦で記載

(『情報資源組織法 第 3 版』実例集13 参照)

頁付　61p

大きさ　21.3cm

ISBN　978-4-924843-66-0

「図書館学校」創設90周年

記念事業　報告書

筑波大学大学院図書館情報メディア研究科

筑波大学情報学群知識情報・図書館学類

茗渓会支部図書館情報学橘会

編集委員会

植松　貞夫（筑波大学）（委員会代表）

松本　　紳（筑波大学）

白井　哲哉（筑波大学）

原　　淳之（筑波大学）

森　　　茜（橘　　会）（委員会代表）

寺沢　白雄（橘　　会）

遠藤　茂樹（橘　　会）

柿沼　澄男（橘　　会）（編集主査）

気谷　陽子（橘　　会）

関川　雅彦（橘　　会）

平成24年 3 月23日　発行

「図書館学校」創設90周年記念事業報告書

The 90th Founding Anniversary of "The Library School"

– Commemorative Events Report

編集発行　「図書館学校」創設90周年記念事業報告書編集委員会

〒305-8550

茨城県つくば市春日1-2

ISBN　978-4-924843-66-0

E 3　出版年

⑮「年」という表示を除く。アラビア数字で。

→東京␣:␣「回想の第七代国立国会図書館長」刊行会,␣1983

（『情報資源組織法 第3版』実例集4参照）

回想の第七代国立国会図書館長

——植木正張 一年四か月の軌跡

頁付　209p
大きさ　21.3cm
ISBN　4-905610-58-3
写真あり

回想の第七代国立国会図書館長
植木正張 一年四か月の軌跡

一九八三年七月九日　初版第一刷出版

「回想の第七代国立国会図書館長」刊行会　編集・出版
連絡先　千代田区永田町1―10―1　国立国会図書館内　安江明夫気付

奥村印刷株式会社　印刷

頒価　二〇〇〇円

この図書は中性紙を使用しています。
視覚障害者のための録音および拡大写本の複製を許諾します。

ISBN 4-905610-58-3
CIPデータ　回想の第七代国立国会図書館長　1. カイソウノ　ダイナナダイ　コクリツ　コッカイ　トショカンチョウ　s1. 植木正張（ウエキ，マサハル）　s2. 国立会国図書館　①016.11（NDC8），UL214（NDLC）

《F　形態事項》

F 1　数量

①　ページ数

⑯

印刷・発売元　有限会社ニシダ印刷製本　2011年

→　堺␣：␣ニシダ印刷製本␣（発売），␣2011

岸本喜樹朗の元の名は岸本裕一（K㉘参照）

漫画が入った
中国とのビジネス交流に取り組む人への
実話入り気になる中国事情

中国と気持ちよく付き合う方法

桃山学院大学経営学部
教　授　岸　本　喜　樹　朗
前上海十川橡塑制品有限公司
総経理　宮　塚　治　好

（『情報資源組織法 第3版』p75 b.2）出版者が対象資料に表示されていない場合 参照）

頁付　153p

大きさ　18.1cm

ISBN　978-4-905296-14-0

中国と気持ちよく付き合う方法

２０１１年１１月１１日印刷
２０１１年１１月２３日発行
定価は表紙カバーに表示しています。

著　　者	岸本喜樹朗・宮塚治好
発行責任者	宮塚治好
印刷・発売元	有限会社ニシダ印刷製本
	〒５９１－８０２４
	大阪府堺市北区黒土町２２７３－３
	電　話　０７２－２５１－５１９６
	ＦＡＸ　０７２－２５１－１０９２
企画・編集協力	株式会社エリアプロモーションジャパン
	〒６１８－００７１
	京都府乙訓郡大山崎町大山崎尻江５－２
	電　話　０７５－２００－６９０１
	ＦＡＸ　０７５－２０１－６９００
	E-Mail　info@areapromotionjapan.com
	HP　http://www.areapromotionjapan.com

PRINTED IN JAPAN 2011

落丁・乱丁本はお取り替えいたします。
ISBN978-4-905296-14-0　C0034

F 1　数量

②　一部２冊以上の場合

⑰

頁付　上：267p　下：260p

大きさ　19.3cm

ISBN　上：4-06-274868-1

下：4-06-274869-X

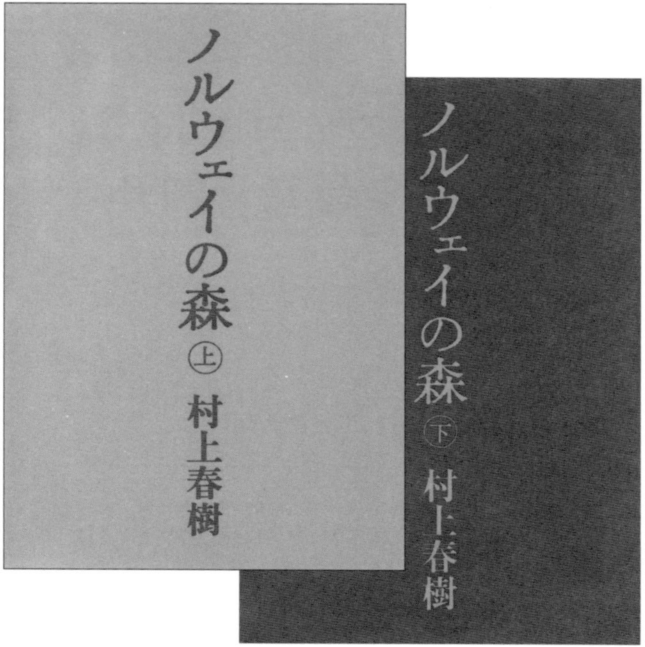

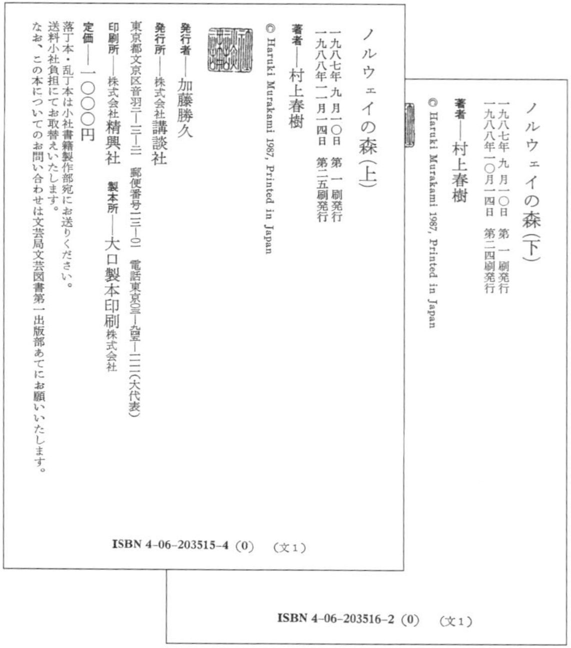
ノルウェイの森(上)
一九八七年 九 月一〇日　第 一 刷発行
一九八八年一一月一四日　第二五刷発行
著者──村上春樹
© Haruki Murakami 1987, Printed in Japan
発行者──加藤勝久
発行所──株式会社講談社
東京都文京区音羽二─一二─二一　郵便番号一一二─〇一　電話東京〇三─九四五─一一一一(大代表)
印刷所──株式会社精興社　製本所──大口製本印刷株式会社
定価──一〇〇〇円
落丁本・乱丁本は小社書籍製作部宛にお送りください。
送料小社負担にてお取替えいたします。
なお、この本についてのお問い合わせは文芸局文芸図書第一出版部あてにお願いいたします。
ISBN 4-06-203515-4 (0)　(文１)

ノルウェイの森(下)
一九八七年 九 月一〇日　第 一 刷発行
一九八八年一〇月一四日　第二四刷発行
著者──村上春樹
© Haruki Murakami 1987, Printed in Japan
ISBN 4-06-203516-2 (0)　(文１)

Ｆ２　大きさ

⑱

岩猿敏生先生著作目録　一米寿記念　京都図書館学研究会　15枚（片面印刷）縦18.1cm　横19.1cm（横長本）

→　15枚␣；␣19×20cm

変形本は縦・横を「×」印をもって記す。

（『情報資源組織法 第３版』p77 iv）大きさ等 参照）

頁付　15p（片面印刷）

大きさ　18.1×19.1cm（横長本）

（ISBNなし）

岩猿敏生先生著作目録

－米寿記念－

2007年3月10日

編集・発行　京都図書館学研究会
龍谷大学文学部　漢那研究室
TEL　075-645-8444（直通）

印　刷　株式会社 北斗プリント社

《G　シリーズ》

⑲本シリーズ

図書館の活動と経営　／　大串夏身編著，青弓社（図書館の最前線　5）19.1cm　286p

→　286p␣；␣20cm.␣—␣（図書館の最前線␣；␣5）

（『情報資源組織法 第３版』実例集14 参照）

頁付	286p
大きさ	19.1cm
ISBN	978-4-7872-0040-2

［編著者略歴］
大串夏身（おおぐし・なつみ）
1948年、東京都生まれ
昭和女子大学大学院生活機構研究科教授兼図書館長
日本図書館情報学会、日本学校図書館学会、日本図書館協会、比較都市史研究会などの各会員
著書に『図書館の可能性』『チャート式情報アクセスガイド』『文科系学生の情報術』『これからの図書館』『DVD映画で楽しむ世界史』（いずれも青弓社）、『情報を探す技術 捨てる技術』（ダイヤモンド社）、編著に『読書と図書館』（青弓社）などがある

図書館の最前線 5

図書館《としょかん》の活動《かつどう》と経営《けいえい》

発行………2008年9月3日　第1刷
定価………2000円＋税
編著者……大串夏身
発行者……矢野恵二
発行所……株式会社青弓社
〒101-0061 東京都千代田区三崎町3-3-4
電話 03-3265-8548（代）
http://www.seikyusha.co.jp
印刷所……厚徳社
製本所……厚徳社
©2008
ISBN978-4-7872-0040-2 C3300

G
⑳

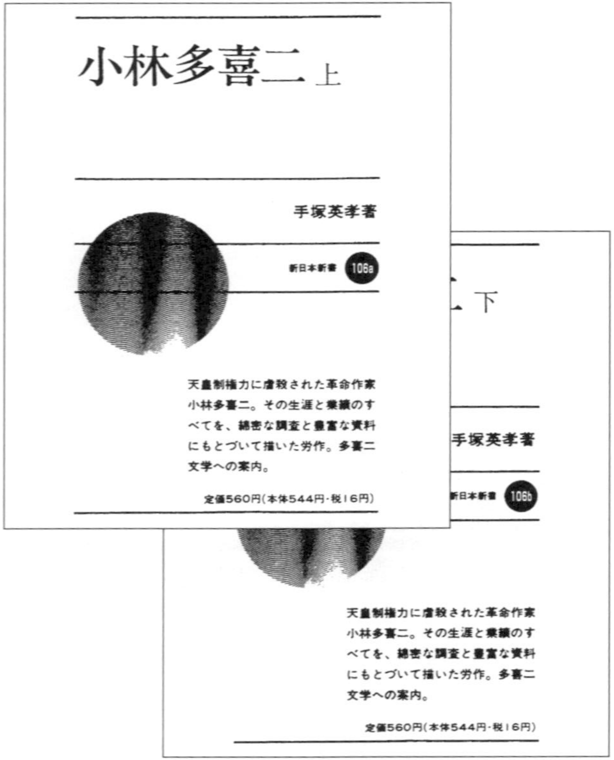

手塚英孝著

天皇制権力に虐殺された革命作家小林多喜二。その生涯と業績のすべてを、綿密な調査と豊富な資料にもとづいて描いた労作。多喜二文学への案内。
定価560円(本体544円・税16円)

頁付　上：200p　下：195p
大きさ　17.3×10.7cm
ISBN　上：4-406-00093-3
　　　下：4-406-00113-1

小林多喜二　上　新日本新書 106—a
1970年7月25日　初　版©
1988年2月20日　第14刷
著　者　手　塚　英　孝
発行者　山　本　　　功
郵便番号 151　東京都渋谷区千駄ケ谷4-25-6
発行所　株式会社　新　日　本　出　版　社
ISBN 4-406-00093-3　C 0223

小林多喜二　下　新日本新書　106—b
1971年1月30日　初　版©
1989年5月25日　第13刷
著　者　手　塚　英　孝
発行者　山　本　　　功
郵便番号 151　東京都渋谷区千駄ヶ谷4-25-6
発行所　株式会社　新　日　本　出　版　社
ISBN4-406-00113-1　C0223

天皇制権力に虐殺された革命作家小林多喜二。その生涯と業績のすべてを、綿密な調査と豊富な資料にもとづいて描いた労作。多喜二文学への案内。
定価560円(本体544円・税16円)

手塚英孝著

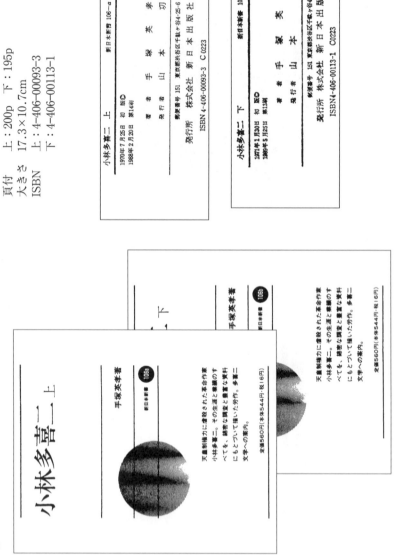

《H　継続資料（逐次刊行物）》

㉑

東京　日外アソシエーツ

大きさ　21×14.8cm

年刊　継続刊行中

大きさ　21×14.8cm

年刊　12号：1995にて終刊

『図書館文化史研究』に誌名変更

H

㉒

月刊　516号：2001.3にて終刊

『統計と教育』から誌名変更

181号より現タイトル

大きさ　25.7×18.2cm

「統計と教育」改題

教育と情報　5月号（No. 182）予告

座談会　教師のための情報管理
　　—収集・整理・利用—　　岡本昭・甲斐清道ほか

講　座　学校経営の最適化をめざして (1)
　　—教育目標の設定と具現—

連　載　教育計画へのアプローチ (1) —教育計画とは—　池木　清

連　載　コンピューター用語 (1)

訪問記　アメリカにおける情報処理の実態
　　—ＥＲＬＣとＬＳを中心に—　　岡本　昭

図書紹介　資料情報　各課だより　その他

前号（3月号　No. 180）目次

教育費の実態と課題　若菜照彦

講座　統計資料の活用（8・完）教育・社会　梶　哲夫

講座　新しい学習指導への道（8・完）
　　望ましい教材の管理法　野田一郎

地域事例(8)　鹿児島県における教育費調査の活用

用語解説(8)　ＮＮＷ

時評　各課だより　資料　その他

教育と情報　4月号　No. 181　　MEJ　5053

昭和48年4月1日発行　定価100円（〒16円）

著作権所有　文　部　省

発 行 者　第一法規出版株式会社　田中　重弥

印 刷 者　三和印刷株式会社　太田　政治　長野市川中島町

発 行 所　第一法規出版株式会社　東京都港区南青山2—1—17

振替　東京7739　電話（03）—404—2251

H

㉓継続資料：逐次刊行物

ビーパル
東京　小学館
大きさ　26cm
月刊　継続刊行中
ローマ字誌名　BE-PAL

第1巻第1号通巻第1号
昭和56年6月2日国鉄首都特別扱承認雑誌第5664号

《Ⅰ　その他の資料》
㉔録音資料　CD（コンパクト・ディスク）
東京　ビャッコヤ　ケイオスユニオン
発行年　2006年

録音ディスク１枚（53分）
大きさ　12cm＋リーフ（歌詞のみ）

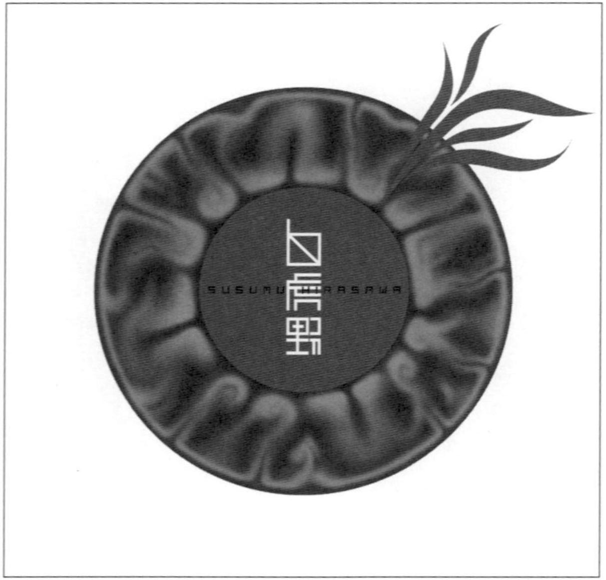

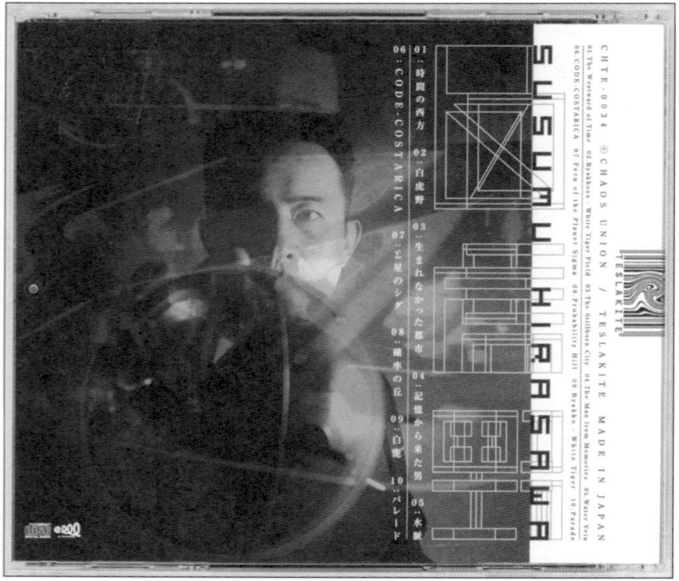

I

㉕映像資料　DVD　カラー
東京　ライブラリーコンテンツサービス（発売）
発行年　2017年
ビデオディスク１枚（108分）

大きさ　12cm
字幕　日本語，バリアフリー対応（視聴覚障害者向け日本語字幕付き）
ウエダアツシ監督　出演　小芝風花・横浜流星ほか

Ⅰ
㉖CD-ROM
（加除式）
東京　第一法規
発行年　2000年

大きさ　12.4×14.2cm

《J　書誌レベル》 単行レベル／集合レベル／構成レベルの記録

㉗集合レベル　構成レベル　550 p　17.4cm

> 日本の文学75
> 阿川弘之：庄野潤三：有吉佐和子
> 東京都中央区京橋2－8－7　中央公論社
> 昭和48年 3 月15日
> 内容：霊三題，雲の墓標，夜の波音，古いトランク／阿川弘之著；プールサイド小景，相客，イタリア風，静物，薪小屋，鳥，丘の明り／庄野潤三著；紀の川／有吉佐和子著；年譜：p530－550；肖像あり

＜ポイント＞

単行レベルのタイトルが収録作品の作家名であるもの。出版者が，集合レベル（日本の文学75）でのタイトルづけを図っているものだが，図書館では単行レベルでの記録が必要である。

・それぞれの著作は著者ごとにまとめ，内容細目に記載する。

・シリーズに関する事項は，形態の後に「.␣—␣」を冠し「(　　)」に包んで記載する。

・シリーズ番号はシリーズ名の後に「␣；␣」を冠して記す。

（『情報資源組織法　第 3 版』実例集21 参照）

問 1　情報源㉗に拠って次の単行レベルの記録を作成しなさい

> 阿川弘之␣；␣庄野潤三␣；␣有吉佐和子

問 2　情報源㉗に拠って次の集合レベルの記録を作成しなさい

> 日本の文学

問 3　情報源㉗に拠って次の構成レベルの記録を作成しなさい

> プールサイド小景　／　庄野潤三著

《K　典拠ファイル》

㉘著者名典拠ファイル

⑧と⑯に現れた岸本（同一人）の典拠ファイルを作成しよう

「バーモントカレー」と「ポッキー」
—食品産業マーケティングの深層—

2000年11月1日　印刷　　定価はカバーに表示してあります。
2000年11月10日　発行©

著　者　岸　本　裕　一
　　　　青　谷　実知代
発行者　神　野　昭　一
発　行　財団法人農林統計協会

〒153-0064 東京都目黒区下目黒 3-9-13
目黒・炭やビル
電話 03-3492-2987（出版普及部）
03-3492-2950（編　集　部）
振替 00190-5-70255
PRINTED IN JAPAN 2000

落丁・乱丁本はお取り替えします。　印刷　新日本印刷(株)
ISBN 4-541-02653-8 C3033

岸本 裕一
国立国会図書館著者名典拠録
改名：岸本喜樹朗

著者名典拠ファイル（カード）

中国と気持ちよく付き合う方法

２０１１年１１月１１日印刷
２０１１年１１月２３日発行
定価は表紙カバーに表示しています。

著　　者　岸本喜樹朗・宮塚治好
発行責任者　宮塚治好
印刷・発売元　有限会社ニシダ印刷製本
〒５９１－８０２４
大阪府堺市北区黒土町２２７３－３
電　話　０７２－２５１－５１９６
ＦＡＸ　０７２－２５１－１０９２
企画・編集協力　株式会社エリアプロモーションジャパン
〒６１８－００７１
京都府乙訓郡大山崎町大山崎尻江５－２
電　話　０７５－２００－６９０１
ＦＡＸ　０７５－２０１－６９００
E-Mail　info@areapromotionjapan.com
HP　http://www.areapromotionjapan.com
PRINTED IN JAPAN 2011

落丁・乱丁本はお取り替えいたします。
ISBN978-4-905296-14-0　C0034

（2）洋資料の情報源と演習

下記の例を参考に，次頁からの情報源によって，目録記入の記述部分を作成しなさい。なお，ここで作成した記録は後の2（3）で標目指示を行う。

本書の洋資料演習は，『英米目録規則第2版』の2002年改訂版（AACR 2 R 2002）による。（なお，同版は2010年，RDAに改編されている）

⇒『情報資源組織法 第3版』p143参照

＜記入例＞

> Welsh, Anne①
>
> Practical cataloguing : AACR, RDA and MARC21② / Anne Welsh and Sue Batley.③– New York④ : Neal-Schuman imprint of American Library Association,⑤ 2012.⑥
>
> xvi, 217p.⑦ : ill.⑧ ; 24cm.⑨
>
> Includes bibliographical references and index.⑩
>
> ISBN 978-1-55570-743-9⑪ (alk. paper)
>
> I. Batley, Sue. II. Title.⑫

※件名標目のトレーシングは省略。

①基本記入の標目
②本タイトルとタイトル関連情報
③責任表示
④出版地
⑤出版者
⑥出版年
⑦ページ数（前付，本文）
⑧挿図
⑨大きさ
⑩注記
⑪ISBN
⑫トレーシング

《A　一個人の著作》

①記録法は⑤を参考としなさい。

（『情報資源組織法 第３版』p159（１）標目の選定① 参照）

Before
Green Gables

BUDGE WILSON

G. P. PUTNAM'S　SONS

NEW YORK

Verso of title page（標題紙裏）

Copyright © 2008 by Budge Wilson and The
Estate of L. M. Montgomery
ISBN978-0-399-15468-3

389p　21.8cm

大文字小文字に注意。カード目録の場合，形態事項から改行

A

②タイトル関連情報あり（⑤を参考としなさい）

（『情報資源組織法 第3版』p146 ④タイトル関連情報 参照）

Looking *for*
Anne *of* Green Gables

The Story of L. M. Montgomery
and Her Literary Classic

IRENE GAMMEL

St. Martin's Press　New York

Verso of title page

LOOKING FOR ANNE OF GREEN GABLES.
Copyright©2008 by Irene Gammel. All rights reserved.
Printed in the United States of America.
For information, address St. Martin's Press,
175 Fifth Avenue, New York, N. Y. 10010.

ISBN-13:978-0-312-38237-7
ISBN-10:0-312-38237-5

312p　24.1cm

Selected bibliography：p293-305　索引あり

《B　二人の著作》

③

（『情報資源組織法 第3版』p147 ⑤責任表示 参照）

Practical

Cataloguing

AACR, RDA and MARC 21

Anne Welsh and Sue Batley

Neal-Schuman

An imprint of the American Library Association

Chicago 2012

Verso of title page

Published by Neal-Schuman, an imprint of the American
Library Association 50 E. Huron Street
Chicago, IL 60611
www. neal-schuman. com
©2012 Anne Welsh and Sue Batley
ISBN 978-1-55570-743-9（alk. paper）

xvi，217p　23.4cm

書誌，索引あり

B

④二人による著作の責任表示

（『情報資源組織法 第３版』p146（８）タイトルと責任表示エリア 参照）

Exhibits in Libraries

A Practical Guide

MARY E. BROWN *and* REBECCA POWER

McFarland & Company, Inc., Publishers
Jefferson, North Carolina, and London

Verso of title page

©2006 Mary E. Brown and Rebecca Power. All rights reserved
ISBN 0-7864-2352-8（softcover∶50# alkaline paper）

vii，250p　25.5cm
書誌，索引あり

B

⑤挿画の協力者あり。前付ページの記載はローマ数字で。

（『情報資源組織法 第３版』p147（８）⑤１）参照）

Cataloguing
Without Tears

Managing knowledge in the
information society

JANE M. READ

WITH CARTOONS BY ADRIAN CZAJKOWSKI

Chandos Publishing
Oxford · England · New Hampsbire · USA

Verso of title page

First published in Great Britain in 2003
ISBN：
1 84334 043 7（paperback）
1 84334 044 5（hardback）

xxi, 236p　22.8cm
書誌，索引あり

Read, Jane M.
Cataloguing without tears␣：␣managing knowledge in the information society␣/␣Jane M. Read␣；␣with cartoons by Adrian Czajkowski.␣－␣Oxford␣：␣Chandos Publishing,␣2003.
xxi, 236p.␣；␣23cm.
Includes bibliographies and index.
ISBN 1－84334－044－5（hardback）

I. Czajkowski, Adrian. Ⅱ. Title

《C　三人の著作》

⑥1人を標目とし，3人を記述する

BITE-SIZED MARKETING

realistic solutions for the overworked librarian

Nancy Dowd, Mary Evangeliste,
& Jonathan Silberman

American Library Association
Chicago 2010

Verso of title page

Copyright©2010 by the American Library Association. All rights reserved except those which may be granted by Sections 107 and 108 of the Copyright Revision Act of 1976.

ISBN-13:978-0-8389-1000-9

xi, 140p　25.4cm
索引あり

《D　四人以上の著作》

⑦基本標目を記さず，代表者１人を記述

（『情報資源組織法 第３版』実例集39 参照）

**Inquiry-Based Learning:
Lessons from Library
Power**

Jean Donham, PhD
Cornell College

Kay Bishop, PhD
University of South Florida

Carol Collier Kuhlthau, PhD
Rutgers University

Dianne Oberg, PhD
University of Alberta

Linworth Publishing, Inc.

Verso of title page

Published by Linworth Publishing, Inc.
480 East Wilson Bridge Road, Suite L
Worthington, Ohio 43085
Copyright©2001 by Jean Donham, Kay Bishop, Carol Collier Kuhlthau and Dianne Oberg.

ISBN 1-58683-031-7

vii，88p　22.8cm
索引あり

D

⑧５人の著作（４人の場合と同じ）

（『情報資源組織法 第３版』実例集40 参照）

A PRACTICAL GUIDE TO INFORMATION LITERACY ASSESSMENT FOR ACADEMIC LIBRARIANS

Carolyn J. Radcliff, Mary Lee Jensen,
Joseph A. Salem, Jr.,
Kenneth J. Burhanna, and Julie A. Gedeon

LIBRARIES
UNLIMITED
Westport, Connecticut・London

Verso of title page

Copyright©2007 by Libraries Unlimited
ISBN:978-1-59158-340-0

First published in 2007

xiii, 180p　25.3cm
索引あり

《E　編者の下に製作された著作》

⑨基本記入の標目を記さず，編者３人までを記述

（『情報資源組織法 第３版』実例集41 参照）

FROM

Catalog

TO

Gateway

Charting a Course for Future Access

BRIEFINGS FROM THE ALCTS CATALOG FORM AND FUNCTION COMMITTEE

BILL SLEEMAN AND PAMELA BLUH, EDITORS

ASSOCIATION FOR LIBRARY COLLECTIONS & TECHNICAL SERVICES

AMERICAN LIBRARY ASSOCIATION

CHICAGO 2005

Verso of title page

©2005 by the American Library Association.

ISBN 0-8389-8326-X

v，120p　28cm

E

⑩前問⑨と同様に

21st-Century Learning in School Libraries

Kristin Fontichiaro, Editor

Libraries Unlimited
An Imprint of ABC-CLIO, LLC

ABC　CLIO
Santa Barbara, California・Denver, Colorado・Oxford, England

Verso of title page

Copyright 2009 by Libraries Unlimited
ISBN 978-1-59158-895-5（pbk：acid-free paper）
ISBN 978-1-59158-896-2（ebook）

xv，375p　27.7cm
書誌，索引あり

《F　版表示あり》

⑪

(『情報資源組織法 第3版』p147（9）版エリア 参照)

Connecting Libraries

with Classrooms

The Curricular Roles of
the Media Specialist

SECOND EDITION

Kay Bishop

LINWORTH
AN IMPRINT OF ABC-CLIO, LLC
Santa Barbara, California・Denver, Colorado・
Oxford, England

Verso of title page

Copyright 2011 by Kay Bishop
ISBN：978-1-59884-599-0（pbk.）
EISBN：978-1-59884-600-3（ebook）

xvi，122p　27.8cm
書誌，索引あり

《G　シリーズタイトルあり》

⑫

（『情報資源組織法 第3版』p154（13）シリーズエリア 参照）

Demystifying FRAD

Functional Requirements for
Authority Data

QIANG JIN

Third Millennium Cataloging
SUSAN LAZINGER AND SHEILA
INTNER, SERIES EDITORS

LIBRARIES UNLIMITED

AN IMPRINT OF ABC-CLIO, LLC
Santa Barbara, California・Denver, Colorado・Oxford, England

Verso of title page

Copyright 2012 by Qiang Jin

ISBN：978-1-59884-496-2（pbk.）
EISBN：978-1-61069-260-1（ebook）

viii，134p　25.4cm
書誌，索引あり

2　アクセス・ポイント（標目指示）の演習

（1）和資料の標目指示

先に1（1）の和資料で作成した記述を用いて，下記に示す例などを参考に，標目指示（タイトル標目，著者標目，件名標目，分類標目）を与えなさい。標目は2以上ある場合がある。

また，標目が与えられないものがある。

標目指示の方法はNCR1987Ⅲによること。太字は注意点。

⇒『情報資源組織法　第3版』p113参照

例①　「電子書籍奮戦記　／　萩野正昭」の場合
t1. ﾃﾞﾝｼｼｮｾｷ ﾌﾝｾﾝｷ　a1. ﾊｷﾞﾉ, ﾏｻｱｷ　s1. 電子書籍　s2. 電子出版　① 023
（t1.：タイトル標目／a1.：著者標目／s1.・s2.：件名標目／①：分類標目）

② t1.　a1.　s1.　①
③ t1.　a1.　s1.　s2.　s3.　①
④ t1. ﾐﾅﾐｶﾜﾁ ｺﾄﾊﾞ ｼﾞﾃﾝ ﾔｲﾜﾚ　t2. ﾔｲﾜﾚ　a1.　s1.　①
⑤ t1. ﾀﾞﾚ ｶﾞ ﾎﾝ ｵ ｺﾛｽﾉｶ　a1.　s1.　s2.　s3.　s4.　①
⑥ t1.　a1.　s1.　①
⑦ t1.　a1.　a2.　s1.　①
⑧ t1. ﾊﾞｰﾓﾝﾄｶﾚｰ ﾄ ﾎﾟｯｷｰ　a1.　a2.　s1.　s2.　①
⑨ t1.　a1.　a2.　a3.　a4.　s1.　①
⑩ t1.　a1.　a2.　a3.　s1.　s2.　①
⑪ t1.　a1. ｱﾝﾆｮﾘ, ｱﾝﾄﾈｯﾗ　a2.　a3.　s1.　①
⑫ t1.　a1.　s1.　s2.　①
⑬ t1.　a1.　s1.　①
⑭ t1. ﾄｼｮｶﾝｶﾞｯｺｳ ｿｳｾﾂ ｷｭｳｼﾞｭｳﾈﾝ ｷﾈﾝｼﾞｷﾞｮｳ ﾎｳｺｸｼｮ　a1.　s1.　①
⑮ t1. …ﾀﾞｲﾅﾅﾀﾞｲ…　a1.　s1.　s2.　①
⑯ t1.　a1.　a2.　s1.　①
⑰ t1.　a1.
⑱ t1.　a1.　a2.　s1.　s2.　①
⑲ t1.　t2.　a1.　s1.　①
⑳ t1.　t2.　a1.　s1.　①

（２）著者名典拠コントロール

①参照（を見よ）と典拠ファイル

１（１）㉘の和資料の例を元に，参照（を見よ）と典拠ファイルを作成しなさい。出典名は『コンサイス日本人名事典　第５版』（三省堂，2009）とする。

⇒『情報資源組織法 第３版』実例集29，32参照

参照（を見よ）

瀬戸内晴美　→　瀬戸内寂聴

セトウチ，ハルミ	←本名のヨミ
（＿＿＿＿＿＿＿＿）	←本名
セトウチ，ハルミを見よ	←著者名のヨミ
（＿＿＿＿＿＿＿＿）	←著者

典拠ファイル

瀬戸内晴美　→　瀬戸内寂聴

＿＿＿＿＿＿＿＿＿＿	←著者名のヨミ
＿＿＿＿＿＿＿＿＿＿	←著者
＿＿＿＿＿＿＿＿＿＿＿＿＿＿＿＿	←出典
＿＿＿＿＿＿＿＿＿＿	←本名

②参照（をも見よ）と典拠ファイル

以下は，同一著者が２以上の名称を使い分けている例である。ここでの典拠ファイルは不要であるが，参照は相互に行わなくてはならない。下記に，参照（をも見よ）を作成しなさい。

⇒『情報資源組織法 第３版』p118，実例集33参照

参照（をも見よ）

岸本裕一（A）　←→　岸本喜樹朗（B）

キシモト，ユウイチ	←ヨミ
(________________)	←著者名（A）
キシモト，キジュウロウをも見よ	←ヨミ
(________________)	←著者名（B）

キシモト，キジュウロウ	←ヨミ
(________________)	←著者名（B）
キシモト，ユウイチをも見よ	←ヨミ
(________________)	←著者名（A）

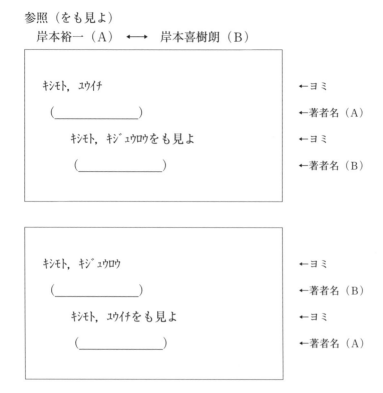

（3）洋資料のアクセス・ポイント（標目指示）

1（2）の洋資料で作成した記述を用いて，アクセス・ポイント（標目指示）を与えなさい。ただし，①，③，⑦については例解を示した。

⇒『情報資源組織法 第3版』p159参照

①	I. Title.				（※左は例解）
②	I.				
③	I. Batley, Sue.	Ⅱ Title.			（※左は例解）
④	I.	Ⅱ			
⑤	I.	Ⅱ			
⑥	I.	Ⅱ.	Ⅲ.		
⑦	I. Donham, Jean.				（※左は例解）
⑧	I.				
⑨	I.	Ⅱ.			
⑩	I.				
⑪	I.				
⑫	I.	Ⅱ.	Ⅲ.	Ⅳ.	

Ⅲ　主題分析

参考）　『日本十進分類法新訂10版』（NDC新訂10版）

第２次区分表（綱目表），類は１文字で表した。

0	**総記**
01	図書館．図書館情報学
02	図書．書誌学
03	百科事典．用語索引
04	一般論文集．一般講演集．雑著
05	逐次刊行物．一般年鑑
06	団体．博物館
07	ジャーナリズム．新聞
08	叢書．全集．選集
09	貴重書．郷土資料．その他の特別コレクション
1	**哲学**
11	哲学各論
12	東洋思想
13	西洋哲学
14	心理学
15	倫理学．道徳
16	**宗教**
17	神道
18	仏教
19	キリスト教．ユダヤ教
2	**歴史．世界史．文化史**
21	日本史
22	アジア史．東洋史
23	ヨーロッパ史．西洋史
24	アフリカ史
25	北アメリカ史
26	南アメリカ史
27	オセアニア史．両極地方史
28	伝記
29	**地理．地誌．紀行**
3	**社会科学**
31	政治
32	法律
33	経済
34	財政
35	統計
36	社会
37	教育
38	風俗習慣．民俗学．民族学
39	国防．軍事
4	**自然科学**
41	数学
42	物理学
43	化学
44	天文学．宇宙科学
45	地球科学．地学
46	生物科学．一般生物学
47	植物学
48	動物学
49	**医学．薬学**
5	**技術．工学**
51	建設工学．土木工学
52	建築学
53	機械工学．原子力工学
54	電気工学
55	海洋工学．船舶工学．兵器．軍事工学
56	金属工学．鉱山工学
57	化学工業
58	製造工業
59	**家政学．生活科学**
6	**産業**
61	農業
62	園芸．造園
63	蚕糸業
64	畜産業．獣医学
65	林業．狩猟
66	水産業
67	商業
68	運輸．交通．観光事業
69	通信事業
7	**芸術．美術**
71	彫刻．オブジェ
72	絵画．書．書道
73	版画．印章．篆刻．印譜
74	写真．印刷
75	工芸
76	音楽．舞踊．バレエ
77	演劇．映画．大衆芸能
78	**スポーツ．体育**
79	**諸芸．娯楽**
8	**言語**
81	日本語
82	中国語．その他の東洋の諸言語
83	英語
84	ドイツ語．その他のゲルマン諸語
85	フランス語．プロバンス語
86	スペイン語．ポルトガル語
87	イタリア語．その他のロマンス諸語
88	ロシア語．その他のスラブ諸語
89	その他の諸言語
9	**文学**
91	日本文学
92	中国文学．その他の東洋文学
93	英米文学
94	ドイツ文学．その他のゲルマン文学
95	フランス文学．プロバンス文学
96	スペイン文学．ポルトガル文学
97	イタリア文学．その他のロマンス文学
98	ロシア・ソビエト文学．その他のスラブ文学
99	その他の諸言語文学

NDC新訂10版
第3次区分表（要目表）〔抜粋〕

0　総　　記
001
002　知識．学問．学術
003
004
005
006
007　情報学．情報科学
008
009

01　図書館．図書館情報学
011　図書館政策．図書館行財政
012　図書館建築．図書館設備
013　図書館経営・管理
014　情報資源の収集・組織化・保存
015　図書館サービス．図書館活動
016　各種の図書館
017　学校図書館
018　専門図書館
019　読書．読書法

02　図書．書誌学
021　著作．編集
022　写本．刊本．造本
023　出版
024　図書の販売
025　一般書誌．全国書誌
026　稀書目録．善本目録
027　特種目録
028　選定図書目録．参考図書目録
029　蔵書目録．総合目録

03　百科事典
031　日本語
032　中国語
033　英語
034　ドイツ語
035　フランス語
036　スペイン語
037　イタリア語
038　ロシア語
039　用語索引

04　一般論文集．一般講演集
041　日本語
042　中国語
043　英語
044　ドイツ語
045　フランス語
046　スペイン語
047　イタリア語
048　ロシア語
049　雑著

05　逐次刊行物
051　日本語
052　中国語
053　英語
054　ドイツ語
055　フランス語
056　スペイン語
057　イタリア語
058　ロシア語
059　一般年鑑

06　団体
061　学術・研究機関
062
063　文化交流機関
064
065　親睦団体．その他の団体
066
067
068
069　博物館

07　ジャーナリズム．新聞
071　日本
072　アジア
073　ヨーロッパ
074　アフリカ
075　北アメリカ
076　南アメリカ
077　オセアニア．両極地方
078
079

08　叢書．全集．選集
081　日本語
082　中国語
083　英語
084　ドイツ語
085　フランス語
086　スペイン語
087　イタリア語
088　ロシア語
089　その他の諸言語

09　貴重書．郷土資料．その他の特別コレクション
091
092
093
094
095
096
097
098
099

10 哲学
101 哲学理論
102 哲学史
103 参考図書［レファレンスブック］
104 論文集．評論集．講演集
105 逐次刊行物
106 団体
107 研究法．指導法．哲学教育
108 叢書．全集．選集
109

11 哲学各論
111 形而上学．存在論
112 自然哲学．宇宙論
113 人生観．世界観
114 人間学
115 認識論
116 論理学．弁証法．方法論
117 価値哲学
118 文化哲学．技術哲学
［119］ 芸術哲学．美学 →701

12 東洋思想
121 日本思想
122 中国思想．中国哲学
123 経書
124 先秦思想．諸子百家
125 中世思想．近代思想
126 インド哲学．バラモン教
127
128
129 その他の東洋思想．アジア哲学

13 西洋哲学
131 古代哲学
132 中世哲学
133 近代哲学
134 ドイツ・オーストリア哲学
135 フランス・オランダ哲学
136 スペイン・ポルトガル哲学
137 イタリア哲学
138 ロシア哲学
139 その他の哲学

14 心理学
141 普通心理学．心理各論
142
143 発達心理学
144
145 異常心理学
146 臨床心理学．精神分析学
147 超心理学．心霊研究
148 相法．易占
［149］ 応用心理学 →140

15 倫理学．道徳
151 倫理各論
152 家庭倫理．性倫理
153 職業倫理
154 社会倫理［社会道徳］
155 国体論．詔勅
156 武士道
157 報徳教．石門心学
158 その他の特定主題
159 人生訓．教訓

16 宗教
161 宗教学．宗教思想
162 宗教史・事情
163 原始宗教．宗教民族学
164 神話．神話学
165 比較宗教
166 道教
167 イスラム
168 ヒンズー教．ジャイナ教
169 その他の宗教．新興宗教

17 神道
171 神道思想．神道説
172 神祇・神道史
173 神典
174 信仰録．説教集
175 神社．神職
176 祭祀
177 布教．伝道
178 各教派．教派神道
179

18 仏教
181 仏教教理．仏教哲学
182 仏教史
183 経典
184 法話・説教集
185 寺院．僧職
186 仏会
187 布教．伝道
188 各宗
189

19 キリスト教
191 教義．キリスト教神学
192 キリスト教史．迫害史
193 聖書
194 信仰録．説教集
195 教会．聖職
196 典礼．祭式．礼拝
197 布教．伝道
198 各教派．教会史
199 ユダヤ教

20 歴史
201 歴史学
202 歴史補助学
203 参考図書［レファレンスブック］
204 論文集．評論集．講演集
205 逐次刊行物
206 団体
207 研究法．指導法．歴史教育
208 叢書．全集．選集
209 世界史．文化史

21 日本史
211 北海道地方
212 東北地方
213 関東地方
214 北陸地方
215 中部地方
216 近畿地方
217 中国地方
218 四国地方
219 九州地方

22 アジア史．東洋史
221 朝鮮
222 中国
223 東南アジア
224 インドネシア
225 インド
[226] 西南アジア．中東［中近東］→227
227 西南アジア．中東［中近東］
[228] アラブ諸国 →227
229 アジアロシア

23 ヨーロッパ史．西洋史
231 古代ギリシア
232 古代ローマ
233 イギリス．英国
234 ドイツ．中欧
235 フランス
236 スペイン［イスパニア］
237 イタリア
238 ロシア
239 バルカン諸国

24 アフリカ史
241 北アフリカ
242 エジプト
243 マグレブ諸国
244 西アフリカ
245 東アフリカ
246
247
248 南アフリカ
249 インド洋のアフリカ諸島

25 北アメリカ史
251 カナダ
252
253 アメリカ合衆国
254
255 ラテンアメリカ［中南米］
256 メキシコ
257 中央アメリカ［中米諸国］
258
259 西インド諸島

26 南アメリカ史
261 北部諸国［カリブ沿海諸国］
262 ブラジル
263 パラグアイ
264 ウルグアイ
265 アルゼンチン
266 チリ
267 ボリビア
268 ペルー
269

27 オセアニア史．両極地方史
271 オーストラリア
272 ニュージーランド
273 メラネシア
274 ミクロネシア
275 ポリネシア
276 ハワイ
277 両極地方
278 北極．北極地方
279 南極．南極地方

28 伝記
281 日本
282 アジア
283 ヨーロッパ
284 アフリカ
285 北アメリカ
286 南アメリカ
287 オセアニア．両極地方
288 系譜．家史．皇室
289 個人伝記

29 地理．地誌．紀行
291 日本
292 アジア
293 ヨーロッパ
294 アフリカ
295 北アメリカ
296 南アメリカ
297 オセアニア．両極地方
298
299 海洋

30　社会科学
301　理論．方法論
302　政治・経済・社会・文化事情
303　参考図書［レファレンスブック］
304　論文集．評論集．講演集
305　逐次刊行物
306　団体
307　研究法．指導法．社会科学教育
308　叢書．全集．選集
309　社会思想

31　政治
311　政治学．政治思想
312　政治史・事情
313　国家の形態．政治体制
314　議会
315　政党．政治結社
316　国家と個人・宗教・民族
317　行政
318　地方自治．地方行政
319　外交．国際問題

32　法律
321　法学
322　法制史
323　憲法
324　民法．民事法
325　商法．商事法
326　刑法．刑事法
327　司法．訴訟手続法
［328］　諸法
329　国際法

33　経済
331　経済学．経済思想
332　経済史・事情．経済体制
333　経済政策．国際経済
334　人口．土地．資源
335　企業．経営
336　　経営管理
337　貨幣．通貨
338　金融．銀行．信託
339　保険

34　財政
341　財政学．財政思想
342　財政史・事情
343　財政政策．財務行政
344　予算．決算
345　租税
346
347　公債．国債
348　専売．国有財産
349　地方財政

35　統計
351　日本
352　アジア
353　ヨーロッパ
354　アフリカ
355　北アメリカ
356　南アメリカ
357　オセアニア．両極地方
358　人口統計．国勢調査
［359］　各種の統計書

36　社会
361　社会学
362　社会史．社会体制
363
364　社会保障
365　生活・消費者問題
366　労働経済．労働問題
367　家族問題．男性・女性問題．老人問題
368　社会病理
369　社会福祉

37　教育
371　教育学．教育思想
372　教育史・事情
373　教育政策．教育制度．教育行財政
374　学校経営・管理．学校保健
375　教育課程．学習指導．教科別教育
376　幼児・初等・中等教育
377　大学．高等・専門教育．学術行政
378　障害児教育［特別支援教育］
379　社会教育

38　風俗習慣．民俗学．民族学
381
382　風俗史．民俗誌．民族誌
383　衣食住の習俗
384　社会・家庭生活の習俗
385　通過儀礼．冠婚葬祭
386　年中行事．祭礼
387　民間信仰．迷信［俗信］
388　伝説．民話［昔話］
389　民族学．文化人類学

39　国防．軍事
391　戦争．戦略．戦術
392　国防史・事情．軍事史・事情
393　国防政策・行政・法令
394　軍事医学．兵食
395　軍事施設．軍需品
396　陸軍
397　海軍
398　空軍
399　古代兵法．軍学

40　自然科学
401　科学理論．科学哲学
402　科学史・事情
403　参考図書［レファレンスブック］
404　論文集．評論集．講演集
405　逐次刊行物
406　団体
407　研究法．指導法．科学教育
408　叢書．全集．選集
409　科学技術政策．科学技術行政

41　数学
411　代数学
412　数論［整数論］
413　解析学
414　幾何学
415　位相数学
416
417　確率論．数理統計学
418　計算法
419　和算．中国算法

42　物理学
421　理論物理学
422
423　力学
424　振動学．音響学
425　光学
426　熱学
427　電磁気学
428　物性物理学
429　原子物理学

43　化学
431　物理化学．理論化学
432　実験化学［化学実験法］
433　分析化学［化学分析］
434　合成化学［化学合成］
435　無機化学
436　　金属元素とその化合物
437　有機化学
438　　環式化合物の化学
439　　天然物質の化学

44　天文学．宇宙科学
441　理論天文学．数理天文学
442　実地天文学．天体観測法
443　恒星．恒星天文学
444　太陽．太陽物理学
445　惑星．衛星
446　月
447　彗星．流星
448　地球．天文地理学
449　時法．暦学

45　地球科学．地学
451　気象学
452　海洋学
453　地震学
454　地形学
455　地質学
456　地史学．層位学
457　古生物学．化石
458　岩石学
459　鉱物学

46　生物科学．一般生物学
461　理論生物学．生命論
462　生物地理．生物誌
463　細胞学
464　生化学
465　微生物学
466
467　遺伝学
468　生態学
469　人類学

47　植物学
471　一般植物学
472　植物地理．植物誌
473　葉状植物
474　　藻類．菌類
475　　コケ植物［蘚苔類］
476　　シダ植物
477　種子植物
478　　裸子植物
479　　被子植物

48　動物学
481　一般動物学
482　動物地理．動物誌
483　無脊椎動物
484　　軟体動物．貝類学
485　　節足動物
486　　　昆虫類
487　脊椎動物
488　　鳥類
489　　哺乳類

49　医学
491　基礎医学
492　臨床医学．診断・治療
493　内科学
494　外科学
495　婦人科学．産科学
496　眼科学．耳鼻咽喉科学
497　歯科学
498　衛生学．公衆衛生．予防医学
499　薬学

50 技術．工学
501 工業基礎学
502 技術史．工学史
503 参考図書［レファレンスブック］
504 論文集．評論集．講演集
505 逐次刊行物
506 団体
507 研究法．指導法．技術教育
508 叢書．全集．選集
509 工業．工業経済

51 建設工学．土木工学
511 土木力学．建設材料
512 測量
513 土木設計・施工法
514 道路工学
515 橋梁工学
516 鉄道工学
517 河海工学．河川工学
518 衛生工学．都市工学
519 環境工学．公害

52 建築学
521 日本の建築
522 東洋の建築．アジアの建築
523 西洋の建築．その他の様式の建築
524 建築構造
525 建築計画・施工
526 各種の建築
527 　住宅建築
528 建築設備．設備工学
529 建築意匠・装飾

53 機械工学
531 機械力学・材料・設計
532 機械工作．工作機械
533 熱機関．熱工学
534 流体機械．流体工学
535 精密機器．光学機器
536 運輸工学．車両．運搬機械
537 自動車工学
538 航空工学．宇宙工学
539 **原子力工学**

54 電気工学
541 電気回路・計測・材料
542 電気機器
543 発電
544 送電．変電．配電
545 電灯．照明．電熱
(546 電気鉄道)
547 通信工学．電気通信
548 情報工学
549 電子工学

55 海洋工学．船舶工学
551 理論造船学
552 船体構造・材料・施工
553 船体艤装．船舶設備
554 舶用機関［造機］
555 船舶修理．保守
556 各種の船舶・艦艇
557 航海．航海学
558 海洋開発
559 **兵器．軍事工学**

56 金属工学．鉱山工学
561 採鉱．選鉱
562 各種の金属鉱床・採掘
563 冶金．合金
564 　鉄鋼
565 　非鉄金属
566 　金属加工．製造冶金
567 石炭
568 石油
569 非金属鉱物．土石採取業

57 化学工業
571 化学工学．化学機器
572 電気化学工業
573 セラミックス．窯業．珪酸塩化学工業
574 化学薬品
575 燃料．爆発物
576 油脂類
577 染料
578 高分子化学工業
579 その他の化学工業

58 製造工業
581 金属製品
582 事務機器．家庭機器．楽器
583 木工業．木製品
584 皮革工業．皮革製品
585 パルプ・製紙工業
586 繊維工学
587 染色加工．染色業
588 食品工業
589 その他の雑工業

59 家政学．生活科学
591 家庭経済・経営
592 家庭理工学
593 衣服．裁縫
594 手芸
595 理容．美容
596 食品．料理
597 住居．家具調度
598 家庭衛生
599 育児

60 産業
601 産業政策・行政．総合開発
602 産業史・事情．物産誌
603 参考図書［レファレンスブック］
604 論文集．評論集．講演集
605 逐次刊行物
606 団体
607 研究法．指導法．産業教育
608 叢書．全集．選集
609 度量衡．計量法

61 農業
611 農業経済・行政・経営
612 農業史・事情
613 農業基礎学
614 農業工学
615 作物栽培．作物学
616 食用作物
617 工芸作物
618 繊維作物
619 農産物製造・加工

62 園芸
621 園芸経済・行政・経営
622 園芸史・事情
623 園芸植物学．病虫害
624 温室．温床．園芸用具
625 果樹園芸
626 蔬菜園芸
627 花卉園芸［草花］
628 園芸利用
629 造園

63 蚕糸業
631 蚕糸経済・行政・経営
632 蚕糸業史・事情
633 蚕学．蚕業基礎学
634 蚕種
635 飼育法
636 くわ．栽桑
637 蚕室．蚕具
638 まゆ
639 製糸．生糸．蚕糸利用

64 畜産業
641 畜産経済・行政・経営
642 畜産史・事情
643 家畜の繁殖．家畜飼料
644 家畜の管理．畜舎．用具
645 家畜．畜産動物．愛玩動物
646 家禽
（［647］みつばち．昆虫 →646）
648 畜産製造．畜産物
649 獣医学

65 林業
651 林業経済・行政・経営
652 森林史．林業史・事情
653 森林立地．造林
654 森林保護
655 森林施業
656 森林工学
657 森林利用．林産物．木材学
658 林産製造
659 狩猟

66 水産業
661 水産経済・行政・経営
662 水産業および漁業史・事情
663 水産基礎学
664 漁労．漁業各論
665 漁船．漁具
666 水産増殖．養殖業
667 水産製造．水産食品
668 水産物利用．水産利用工業
669 製塩．塩業

67 商業
671 商業政策・行政
672 商業史・事情
673 商業経営．商店
674 広告．宣伝
675 マーケティング
676 取引所
677
678 貿易
679

68 運輸．交通
681 交通政策・行政・経営
682 交通史・事情
683 海運
684 内陸水運．運河交通
685 陸運．道路運輸
686 鉄道運輸
687 航空運輸
688 倉庫業
689 観光事業

69 通信事業
691 通信政策・行政・法令
692 通信事業史・事情
693 郵便．郵政事業
694 電気通信事業
695
696
697
698
699 放送事業

70　芸術．美術
701　芸術理論．美学
702　芸術史．美術史
703　参考図書［レファレンスブック］
704　論文集．評論集．講演集
705　逐次刊行物
706　団体
707　研究法．指導法．芸術教育
708　叢書．全集．選集
709　芸術政策．文化財

71　彫刻
711　彫塑材料・技法
712　彫刻史．各国の彫刻
713　木彫
714　石彫
715　金属彫刻．鋳造
716
717　粘土彫刻．塑造
718　仏像
719　オブジェ

72　絵画
721　日本画
722　東洋画
723　洋画
724　絵画材料・技法
725　素描．描画
726　漫画．挿絵．児童画
727　グラフィックデザイン．図案
728　書．書道
729

73　版画
731　版画材料・技法
732　版画史．各国の版画
733　木版画
734　石版画［リトグラフ］
735　銅版画．鋼版画
736　リノリウム版画．ゴム版画
737　写真版画．孔版画
738
739　印章．篆刻．印譜

74　写真
741
742　写真器械・材料
743　撮影技術
744　現像．印画
745　複写技術
746　特殊写真
747　写真の応用
748　写真集
749　印刷

75　工芸
751　陶磁工芸
752　漆工芸
753　染織工芸
754　木竹工芸
755　宝石・牙角・皮革工芸
756　金工芸
757　デザイン．装飾美術
758　美術家具
759　人形．玩具

76　音楽
761　音楽の一般理論．音楽学
762　音楽史．各国の音楽
763　楽器．器楽
764　器楽合奏
765　宗教音楽．聖楽
766　劇音楽
767　声楽
768　邦楽
769　舞踊．バレエ

77　演劇
771　劇場　演出．演技
772　演劇史．各国の演劇
773　能楽．狂言
774　歌舞伎
775　各種の演劇
776
777　人形劇
778　映画
779　大衆演芸

78　スポーツ．体育
781　体操．遊戯
782　陸上競技
783　球技
784　冬季競技
785　水上競技
786　戸外レクリエーション
787　釣魚．遊猟
788　相撲．拳闘．競馬
789　武術

79　諸芸．娯楽
791　茶道
792　香道
793　花道［華道］
794　ビリヤード
795　囲碁
796　将棋
797　射倖ゲーム
798　その他の室内娯楽
799　ダンス

80　言語
801　言語学
802　言語史・事情．言語政策
803　参考図書［レファレンスブック］
804　論文集．評論集．講演集
805　逐次刊行物
806　団体
807　研究法．指導法．言語教育
808　叢書．全集．選集
809　言語生活

81　日本語
811　音声．音韻．文字
812　語源．意味［語義］
813　辞典
814　語彙
815　文法．語法
816　文章．文体．作文
817　読本．解釈．会話
818　方言．訛語
819

82　中国語
821　音声．音韻．文字
822　語源．意味［語義］
823　辞典
824　語彙
825　文法．語法
826　文章．文体．作文
827　読本．解釈．会話
828　方言．訛語
829　その他の東洋の諸言語

83　英語
831　音声．音韻．文字
832　語源．意味［語義］
833　辞典
834　語彙
835　文法．語法
836　文章．文体．作文
837　読本．解釈．会話
838　方言．訛語
839

84　ドイツ語
841　音声．音韻．文字
842　語源．意味［語義］
843　辞典
844　語彙
845　文法．語法
846　文章．文体．作文
847　読本．解釈．会話
848　方言．訛語
849　その他のゲルマン諸語

85　フランス語
851　音声．音韻．文字
852　語源．意味［語義］
853　辞典
854　語彙
855　文法．語法
856　文章．文体．作文
857　読本．解釈．会話
858　方言．訛語
859　プロバンス語

86　スペイン語
861　音声．音韻．文字
862　語源．意味［語義］
863　辞典
864　語彙
865　文法．語法
866　文章．文体．作文
867　読本．解釈．会話
868　方言．訛語
869　ポルトガル語

87　イタリア語
871　音声．音韻．文字
872　語源．意味［語義］
873　辞典
874　語彙
875　文法．語法
876　文章．文体．作文
877　読本．解釈．会話
878　方言．訛語
879　その他のロマンス諸語

88　ロシア語
881　音声．音韻．文字
882　語源．意味［語義］
883　辞典
884　語彙
885　文法．語法
886　文章．文体．作文
887　読本．解釈．会話
888　方言．訛語
889　その他のスラブ諸語

89　その他の諸言語
891　ギリシア語
892　ラテン語
893　その他のヨーロッパの諸言語
894　アフリカの諸言語
895　アメリカの諸言語
896
897　オーストラリアの諸言語
898
899　国際語［人工語］

90　文学
901　文学理論・作法
902　文学史．文学思想史
903　参考図書［レファレンスブック］
904　論文集．評論集．講演集
905　逐次刊行物
906　団体
907　研究法．指導法．文学教育
908　叢書．全集．選集
909　児童文学研究

91　日本文学
911　詩歌
912　戯曲
913　小説．物語
914　評論．エッセイ．随筆
915　日記．書簡．紀行
916　記録．手記．ルポルタージュ
917　箴言．アフォリズム．寸言
918　作品集
919　漢詩文．日本漢文学

92　中国文学
921　詩歌．韻文．詩文
922　戯曲
923　小説．物語
924　評論．エッセイ．随筆
925　日記．書簡．紀行
926　記録．手記．ルポルタージュ
927　箴言．アフォリズム．寸言
928　作品集
929　その他の東洋文学

93　英米文学
931　詩
932　戯曲
933　小説．物語
934　評論．エッセイ．随筆
935　日記．書簡．紀行
936　記録．手記．ルポルタージュ
937　箴言．アフォリズム．寸言
938　作品集
［939］　アメリカ文学　→930／938

94　ドイツ文学
941　詩
942　戯曲
943　小説．物語
944　評論．エッセイ．随筆
945　日記．書簡．紀行
946　記録．手記．ルポルタージュ
947　箴言．アフォリズム．寸言
948　作品集
949　その他のゲルマン文学

95　フランス文学
951　詩
952　戯曲
953　小説．物語
954　評論．エッセイ．随筆
955　日記．書簡．紀行
956　記録．手記．ルポルタージュ
957　箴言．アフォリズム．寸言
958　作品集
959　プロバンス文学

96　スペイン文学
961　詩
962　戯曲
963　小説．物語
964　評論．エッセイ．随筆
965　日記．書簡．紀行
966　記録．手記．ルポルタージュ
967　箴言．アフォリズム．寸言
968　作品集
969　ポルトガル文学

97　イタリア文学
971　詩
972　戯曲
973　小説．物語
974　評論．エッセイ．随筆
975　日記．書簡．紀行
976　記録．手記．ルポルタージュ
977　箴言．アフォリズム．寸言
978　作品集
979　その他のロマンス文学

98　ロシア・ソビエト文学
981　詩
982　戯曲
983　小説．物語
984　評論．エッセイ．随筆
985　日記．書簡．紀行
986　記録．手記．ルポルタージュ
987　箴言．アフォリズム．寸言
988　作品集
989　その他のスラブ文学

99　その他の諸言語文学
991　ギリシア文学
992　ラテン文学
993　その他のヨーロッパ文学
994　アフリカ文学
995　アメリカ諸言語の文学
996
997　オーストラリア諸言語の文学
998
999　国際語［人工語］による文学

1　書架分類法演習

（1）「分類規程」の演習

NDC新訂10版によって，次の図書に与えた主題のうち，正しいものを○で囲み，その理由を分類規程に立って説明しなさい。

⇒『情報資源組織法 第3版』p212〜215参照
『分類・目録法入門 新訂第6版』p21〜24

1　筆・墨・硯・紙　　植村和堂著
　　筆　　墨　　硯　　紙　　書道

2　石油化学とその工業　　森田義郎，吉富末彦著
　　石油化学　　石油化学工業

3　川柳・雑俳からみた江戸庶民風俗　　鈴木勝忠著
　　川柳　　雑俳　　風俗

4　考古学のための化学10章　　馬淵久夫，富永健編
　　考古学　　化学

5　日本映画における外国映画の影響　　山本喜久男著
　　日本映画　　外国映画

6　マイコン革命と労働の未来　　剣持一巳著
　　コンピュータ　　労働問題

7　ハムレット　　シェイクスピア著；福田恆存訳
　　イギリス文学作品　　日本文学作品

8　花と木の文化史　　中尾佐助著
　　花　　木　　文化史

（2）「各類概説」の演習

NDC新訂10版によって，次の図書に与えた主題のうち，正しいものを○で囲み，その理由を分類規程に立って説明しなさい。（一部，各類概説による）

⇒『情報資源組織法 第3版』p212～215参照
『分類・目録法入門 新改訂第6版』p21～24

1 国立国会図書館分類表 改訂版 国立国会図書館図書部編
国立図書館 図書分類表

2 フランス文学にあらわれた動植物の研究 中平解著
フランス文学 動物 植物 生物

3 現代日本の経済政策 貝塚啓明，兼光秀郎編
経済政策 日本経済

4 西洋科学技術史大要 山崎英三著
科学史 技術史

5 自民党と教育政策：教育委員任命制から臨教審まで 山崎政人著
自由民主党 教育政策

6 戯曲 新・平家物語 吉川英治著
日本戯曲文学作品 日本物語文学作品

7 半導体の話：物性と応用 菊池誠著
物理学 電子工学

8 登呂遺跡 森豊著
静岡県史 日本史

9 詩人野口雨情：詩魂は漂泊の旅へ 長島和太郎著
個人伝記（一般） 日本近代作家論 現代詩

10 幕藩体制における武士家族法 鎌田浩著
日本法制史 民法

(3)「各類分類規程」の演習

各問に，NDC新訂10版によって書架分類記号（唯一の分類記号）を与えなさい。

⇒『情報資源組織法 第3版』p216～267参照
『分類・目録法入門 新改訂第6版』p25～51

0類 ①学校図書館の政策（011の注を参照）
②米国議会図書館分類表 （014の注を参照）
③国立国会図書館の建築（012の注を参照）

1類 ①カント『純粋理性批判』（111／118の注を参照）
②近代哲学
③宗教倫理

2類 ①吉野ヶ里遺跡（佐賀県）（202.5の注を参照）
②ヘーゲル『歴史哲学の研究』（1類の最初の注を参照）
③海洋

3類 ①江戸時代の家族法（322の注を参照）
②日本の経済政策（333の注を参照）
③伝説

4類 ①お父さんの科学入門（4類の注を参照）
②博物学（46の注を参照）
③古生物学（45と46の注で検討を）

5類 ①情報システムの技術（548の注を参照）
②航海学
③家庭衛生（49の注を参照）

6類 ①博覧会
②電気通信事業経営（547の注を参照）
③獣医学（49の注を参照）

7類 ①文化財
②浮世絵
③茶道

8類 ①六か国語辞典（8類の注を参照）
②仏独辞典（81の注を参照）
③英語のスラング

9類 ①童話の研究
②芥川龍之介に関する研究（91の注を参照）
③松尾芭蕉の研究（91の注を参照）

（4）「各類分類」の演習

NDC新訂10版の細目及び各類概説によって，次の図書の分類記号を答えなさい。

⇒『情報資源組織法 第3版』p216～267参照

0類（総記）

（主題把握の後NDC新訂9版第2次区分表程度で分類。必要に応じ補助区分）

1　図書館情報学の創造的再構築　吉田政幸，山本順一共編　勉誠出版
（形式区分）

藤野幸雄元・図書館情報大学副学長の古稀を記念して編んだ論文集。現代の図書館，図書館情報文化史，日本の図書館情報学，外国の図書館情報学の4部構成。

2　新聞の虚報・誤報：その構造的問題点に迫る　池田龍夫著　創樹社
（形式区分）

過去の虚報・誤報を総点検し分析。新聞の役割やジャーナリズムのあり方を問う。

（主題把握の後NDC新訂9版第3次区分表程度で分類。必要に応じ補助区分）

3　日本學術會議五十年史　日本学術会議編　日本学術協力財団（地理区分）

日本学術会議の50年間の活動，関連法規，組織などについてまとめている。

4　世界各国の全国書誌：主要国を中心に　改訂増補版　国立国会図書館専門資料部参考課編著　国立国会図書館

外国資料の選書や整理業務における必須の文献。近年の出版状況に対応する。

5　カナダの図書館：住民が運営する住民のための図書館　西川馨編　日本図書館協会
（地理区分）

カナダの公共図書館の法律，制度，児童サービス，図書館建設などを紹介する。

1類（哲学・宗教）

（主題把握の後NDC新訂10版第2次区分表程度で分類。必要に応じ補助区分）

1　あなたのこころを科学する　古城和敬［ほか］編著　北大路書房

人間の内面世界への関心と理解を深めるための道案内として書かれた心理学の入門書。

（主題把握の後NDC新訂10版第３次区分表程度で分類。必要に応じ補助区分）

2　インド哲学へのいざない：ヴェーダとウパニシャッド　前田専學著　日本放送出版協会

聖典の中の深奥な世界を通してインド哲学・思想を考察。

3　プラトンの形而上学　ハンス・ヨアヒム・クレーマー著；岩野秀明訳　世界書院　（各類概説）

統一的な理念によってプラトンの形而上学の全体像をとらえた著作。

4　本居宣長の生涯：その学の軌跡　岩田隆著　以文社　（各類概説）

極めて人間的な生涯を送った国学者・本居宣長の学問について述べる。

5　いまに生きる孟子の知恵　長島猛人著　明徳出版社　（原著か研究書か）

市民講座で「孟子」を読み続ける受講生たちが，古典の魅力と活用の実際を語る。

6　朝鮮の口伝神話：「バリ公主神話」集　金香淑著　和泉書院　（地理区分）

朝鮮の口伝神話「バリ公主」の翻訳。

2類（歴史・地理）

（題把握の後NDC新訂10版第２次区分表程度で分類。必要に応じ補助区分）

1　世界史年表ハンドブック　PHP研究所編　PHP研究所

事典的な要素も加え，立体的に読めるよう図ったコンパクトな年表。

2　大名と旗本の暮らし　平井聖監修　学習研究社　（時代を区分）

大名の登城や将軍謁見，大名行列，旗本屋敷等，武士の暮らしを図解。

（主題把握の後NDC新訂９版第３次区分表程度で分類。必要に応じ補助区分）

3　神奈川の古墳散歩　相原精次，　藤城憲児著　彩流社　（各類概説留意）

神奈川県の古墳を紹介。古墳の見方，背景などを解説。歴史探索向き。

4　大阪の20世紀　産経新聞大阪本社社会部著　東方出版　（地理区分＋時代）

20世紀100年の大阪の変遷。文化，風俗，事件など72話を収録。

5　ヨーロッパ歴史地図　M・アーモンド［ほか］編；樺山紘一監訳　原書房
（地理区分＋形式区分）
ヨーロッパの歴史がビジュアルでわかる地図と解説。

3類（社会科学）
（主題把握の後NDC新訂10版第2次区分表程度で分類。必要に応じ補助区分）
1　政治家になろう！　中村敦夫著　日本短波放送　（形式区分）
俳優で参議院議員をつとめた作者が，時事・政治の問題についてまとめている。

（主題把握の後NDC新訂9版第3次区分表程度で分類。必要に応じ補助区分）
2　市民のための行政法入門　山本順一［ほか］著　勉誠出版
市民生活，公益的な活動の展開に資する，「行政法」理論をわかりやすく解説。

3　インド憲法　孝忠延夫著　関西大学出版部　（地理区分）
インド憲法における基本的人権の諸問題を論じる。

4　ドイツ財政調整発展史：戦後から統一まで　ヴォルフガング・レンチュ著；伊東弘文訳　九州大学出版会
1948年の通貨改革から90年のドイツ統一に至るまでの，ドイツの財政史。

5　山陰民俗一口事典　石塚尊俊著　松江今井書店　（地理区分）
山陰に残る衣食住，仕事，社会生活，冠婚葬祭，年中行事，信仰，芸能の伝承を通して，日本人のくらしと心の根底を探る。

4類（自然科学・医学）
（主題把握の後NDC新訂10版第3次区分表程度で分類。必要に応じ補助区分）
1　基礎分析化学　小熊幸一［ほか］著　朝倉書店　（基本化学シリーズ；7）
大学理学部の一年次生を対象とした定量分析学の教科書。

2　岐阜県災害史：特集と年表でつづるひだみのの災害　岐阜新聞社出版局編　岐阜県　（地理区分）
岐阜県で起こった過去の自然災害，災害の中で養われた生活の知恵などを記す。

3　太古の北海道：化石博物館の楽しみ　木村方一著　北海道新聞社
（地理区分）
道内の各博物館を訪ね，その展示化石から大昔の生物や環境を学ぶ。

4　南太平洋の人類誌：クック船長の見た人びと　フィリップ・ホートン著；片山一道訳　平凡社　（地理区分）
身体特徴・骨格形態など形質人類学の立場からポリネシアンの謎を解明。

5類（技術・家政学）
（主題把握の後NDC新訂10版第２次区分表程度で分類。必要に応じ補助区分）
1　発明の20世紀：その誕生秘話から社会的影響まで　アスペクト編　アスペクト　（特集アスペクト；82）　（形式区分）
大発明から，生活を改善した知られざる工夫まで，発明の誕生と影響力を追う。

（主題把握の後NDC新訂10版第３次区分表程度で分類。必要に応じ補助区分）
2　産業廃棄物処理ハンドブック　廃棄物法制研究会編　ぎょうせい
（形式区分）
産業廃棄物処理に関するハンドブック。

3　窯業の事典　浜野健也［ほか］編　朝倉書店　（形式区分）
セラミックスの基礎科学。陶磁器，耐火物，セメントなど14章の大項目事典。

6類（産業・商業）
（主題把握の後NDC新訂10版第３次区分表程度で分類。必要に応じ補助区分）
1　はじめてのベランダ園芸　花と緑を考える会編　インタラクション
土の配合法，花卉の選び方，スペース活用の案など。

2　交流で学ぶ中国水産　黒田竹弥著　成山堂書店　（地理区分）
中国水産事情について，多数の写真を交えて紹介する。

3　ビジネスEメールの英語：実例で学ぶスタイルと表現　F. J. クディラ著　朝日出版社　（言語区分）
ビジネスにおいて効果的な英文Eメールを書くためのガイド。

7類（芸術）
（主題把握の後NDC新訂10版第3次区分表程度で分類。必要に応じ補助区分）
1　懐かしの映画女優101　児玉数夫著　新書館　（各類概説留意）
オードリイ・ヘップバーンを初め多数国の名女優101人の生涯と，本邦で公開された全出演作を掲載する。

2　イタリア絵画史　ロベルト・ロンギ著；和田忠彦［ほか］訳　筑摩書房　（地理区分）
今世紀最大のイタリア美術史家ロンギの，イタリア絵画世界への案内書。

3　パブロ・ピカソ：1881―1973　I. F. ヴァルター著　タッシェン・ジャパン　（地理区分）
20世紀の天才画家ピカソ。スペインでの生誕に始まる生涯と作品を紹介する。

4　ウォーキングと水中ウォーキング　池田克紀監修　家の光協会　（分類規程留意）
正しい歩き方や靴選びのポイント，水中ウォーキングのやり方を解説。

8類（言語）
（主題把握の後NDC新訂10版第2次区分表程度で分類。必要に応じ補助区分）
1　話し方入門　D. カーネギー［著］；市野安雄訳　創元社
スピーチの秘訣を披露。パブリック・スピーキングの古典の翻訳。

2　11か国語基本語辞典　上田克之編　自然社　（各類概説・形式区分）
日本語1200語から引いて，英語，フランス語，イタリア語，スペイン語，ドイツ語などの10言語の同じ意味の単語に至る辞典。

（主題把握の後NDC新訂10版第3次区分表程度で分類。必要に応じ補助区分）
3　旅のフランス語会話：話がはずむ，旅が生きる　昭文社編　昭文社　（言語共通区分）
フランス語が全く出来ない人にも，旅先で最小限の用が足せるよう，簡潔な文例を掲載。

4　兵庫県の方言地図　鎌田良二編著　神戸新聞総合出版センター
（言語共通区分）
兵庫県近辺で日常よく使うことばの方言地図。全国状況と比較。解説を添える。

9類（文学）
（主題把握の後NDC新訂10版第2次区分表程度で分類。必要に応じ補助区分）
1　英米児童文学ガイド：作品と理論　日本イギリス児童文学会編　研究社出版
英語圏の児童文学の代表的な作品を取り上げ，読み方や研究法を示す。

（主題把握の後NDC新訂9版第3次区分表程度で分類。必要に応じ補助区分）
2　三島由紀夫とトーマス・マン　林進著　鳥影社・ロゴス企画部
（各類概説，言語区分）
三島由紀夫作品に見るトーマス・マンの影響。

3　現代歳時記　金子兜太［ほか］編　成星出版
伝統季語から現代季語まで，今の暮らしに合った現代感覚の歳時記。

4　20世紀の戯曲：日本近代戯曲の世界　日本近代演劇史研究会編　社会評論社
（文学形式区分，時代区分）
日本の近代戯曲（1879年～1945年）を一作家から一作品を取り上げて紹介。

5　ハイネ詩集（世界詩人選；08）　ハイネ著；井上正蔵訳　小沢書店
（文学共通区分）
抒情詩人として知られるハイネの作品を名訳で紹介。

（5）「図書記号」の演習

①『日本著者記号表』の演習

次のA，B，Cはそれぞれ同一分類記号内の人名（団体名も含む）である。これに対して次頁及び次々頁の付表『日本著者記号表』（部分）によって著者記号を与えなさい。

なお，番号順に受け入れたものとする。

⇒『情報資源組織法 第3版』p273参照

A

1　日本図書館協会
2　二宮昭
3　日本経済新聞社
4　西川一身
5　日本図書館学会

B

1　緒方健二
2　小川光三
3　尾河直太郎
4　尾形乾山（ケンザン）
5　小川英雄

C

1　Seton，Emest Thompson
2　Seuss，Dr.
3　瀬戸明
4　Seton，Anya
5　Settle，Mary Lee

参考）付表『日本著者記号表』（部分）

Mu	11	**N**	**O**	11	**P**	**R**	11	**Sa**	**Se**	11	**Sh**	**So**	11	**Su**
Mub	12	Nac	Obat	12	Paci	Rae	12	Sac	Seb	12	Shak	Sob	12	Suc
Muc	13	Nag	Obe	13	Pad	Ram	13	Sad	Sec	13	Shar	Soc	13	Sud
Mud	14	Nagai	Obi	14	Pae	Ran	14	Sae	Sed	14	She	Socr	14	Sudo
Mudai	15	Nagam	Och	15	Pag	Rane	15	Sag	See	15	Shi	Sod	15	Sue
Mue	16	Nagano	Oct	16	Pain	Rann	16	Sagar	Seg	16	Shibah	Sodani	16	Sueh
Muf	17	Nagao	Od	17	Pal	Rao	17	Sai	Sei	17	Shibak	Sode	17	Suem
Mng	18	Nagaok	Oe	18	Palm	Rau	18	Saigo	Seim	18	Shibat	Sodeo	18	Suen
Mugi	19	Nagar	Of	19	Pam	Rax	19	Saij	Sein	19	Shibay	Sodo	19	Sueo
Muh	21	Nagas	Og	21	Pan	Re	21	Saik	Sej	21	Shibu	Soe	21	Sug
Mui	22	Nagasaw	Ogas	22	Pap	Reb	22	Sain	Sek	22	Shibut	Soej	22	Sugad
Muk	23	Nagat	Ogat	23	Par	Ree	23	Sait	Seke	23	Shibuy	Soem	23	Sugai
Mukai	24	Nagato	Ogaw	24	Parke	Reg	24	Saitam	Seki	24	Shibuz	Sof	24	Sugam
Mukas	25	Nagay	Ogi	25	Parm	Rei	25	Saito	Sekid	25	Shid	Sog	25	Sugan
Muki	26	Nage	Ogu	26	Pas	Rem	26	Saj	Sekig	26	Shide	Sogan	26	Sugao
Muko	27	Nagoy	Oh	27	Pat	Ren	27	Sak	Sekigu	27	Shig	Sogaw	27	Sugaw
Muku	28	Nai	Ohashi	28	Pau	Rep	28	Sakag	Sekih	28	Shige	Sogo	28	Sugawar
Mul	29	Naito	Ohi	29	Pay	Reu	29	Sakai	Sekij	29	Shigen	Sogu	29	Sugay
				31	Pe	Rh	31	Sakak	Sekik	31	Shih	Soj	31	Suge
Mure	67	Neu			Peas	Ri	32	Sakam	Sekiko	32	Shii	Sok	32	Sugi
Muri	68	New	Onu	68		Rib	33	Sakamu	Sekim	33	Shik	Sol	33	Sugie
Murn	69	Nez	Oo	69	Pit		34	Sakan	Sekimu	34	Shiki	Soll	34	Sugih
							35	Sakao	Sekin	35	Shim	Solt	35	Sugii
Muro	71	Ni	Or	71	Pl	Ros		Sakas	Sekine	36	Shimad	Som	36	Sugik
Murob	72	Nii	Os	72	Ple	Rose	72		Sekino	37	Shimae	Somi	37	Sugim
Muroi	73	Nij	Osak	73	Plo	Ross	73	Sasa	Sekio	38	Shimam	Somo	38	Sugimo
Murok	74	Nil	Osan	74	Plum	Rot	74	Sasaj		39	Shimamu	Somu	39	Sugimu
Muros	75	Nim	Ose	75	Plun	Rou	75	Sasak						
Murot	76	Nin	Oshi	76	Po	Roum	76	Sasam	Seo		Shiman	Son	41	Sugin
Muroy	77	Nippon	Oshim	77	Poll	Row	77	Sasao	Seok	77		Sond	42	Sugino
Murp	78	Nir	Oshit	78	Pom	Rowe	78	Sasaok	Sep	78	Shioy			
Murr	79	Nis	Osu	79	Pon	Roy	79	Sasay	Seq	79	Shioz	Sotoz	79	Suso
Mus	81	Nishi	Ot	81	Pop	Ru	81	Sase	Ser	81	Shir	Sou	81	Susu
Musashi	82	Nishih	Otak	82	Por	Rud	82	Sass	Serg	82	Shirais	Soul	82	Susukid
Muse	83	Nishik	Otaki	83	Port	Rug	83	Sat	Seri	83	Shirak	Soup	83	Sut
Mush	84	Nishim	Otani	84	Pos	Ruh	84	Sati	Sern	84	Shiran	Sous	84	Suto
Mushi	85	Nishin	Ote	85	Pott	Rum	85	Sato	Serr	85	Shiras	Sout	85	Suu
Musi	86	Nishio	Oto	86	Pou	Run	86	Satom	Serv	86	Shirat	Souv	86	Suv
Muso	87	Nishiw	Ots	87	Pow	Rur	87	Satomu	Ses	87	Shiray		87	Suw
Muss	88	Nit	Otsuk	88	Pr	Rus	88	Satsu	Sess	88	Shiri		88	Suy
Must	89	Niw	Otsuki	89	Prau	Russ	89	Satt	Sesu	89	Shiro		89	Suyam
Mut	91	No	Ou	91	Pre	Rut	91	Sau	Set	91	Shishi	Sov	91	Suz
Mute	92	Nod	Our	92	Pres	Ruy	92	Sav	Seth	92	Shit	Sovi	92	Suzak
Muto	93	Nog	Ow	93	Pri	Ry	93	Saw	Seto	93	Shiz	Sow	93	Suzu
Mutsu	94	Nom	Oy	94	Pro	Rye	94	Sawai	Sett	94	Shizu	Soy	94	Suzuk
Mutsumi	95	Nomu	Oyam	95	Pru	Ryn	95	Sawam	Seu	95	Sho	Soz	95	Suzukaw
Muw	96	Nor	Oz	96	Pu	Ryo	96	Sawan	Sev	96	Shoj		96	Suzuki
Muy	97	Nos	Ozaw	97	Pur	Ryok	97	Sawar	Sew	97	Show		97	Suzum
Muz	98	Noz	Oze	98	Put	Ryu	98	Saway	Sey	98	Shr		98	Suzun
Muze	99	Nu	Ozo	99	Py	Ryut	99	Say	Sex	99	Shu		99	Suzut

②「ランガナタン年代記号法」の演習

次のA，Bはそれぞれ同一分類記号の図書群で，1－5の順に受け入れられたものとする。これらに，次頁のランガナタン年代記号法（部分）によって図書記号を与えなさい。同一出版年のものがある場合は，年代記号の後に受入順（－1，－2など）を付しなさい。

⇒『情報資源組織法 第3版』p273参照

A

1　岩淵泰郎編著『資料組織概説』1998年出版

2　大城善盛［ほか］編著『資料組織概説』1997年出版

3　吉田憲一編著『資料組織演習』1998年出版

4　木原通夫，志保田務，高鷲忠美著『資料組織法』第6版　2007年出版

5　木原通夫，志保田務著『分類・目録法入門：メディアの構成』新改訂第5版　2007年出版

B

1　渋川雅俊著『目録の歴史』1985年出版

2　丸山昭二郎編『洋書目録法入門　マニュアル編』1988年出版

3　丸山昭二郎編『目録法と書誌情報』1993年出版

4　M.ゴーマン著　志保田務，岩下康夫訳『コンサイスAACR２』1996年出版

5　E.J.ハンター著　志保田務，岩下康夫訳『コンサイスAACR２R：プログラム式演習』1998年出版

参考）ランガナタンの年代記号（部分）

A	1880年以前	E	1910～1919	J	1950～1959	N	1990～1999
B	1880～1889	F	1920～1929	K	1960～1969	P	2000～2009
C	1890～1899	G	1930～1939	L	1970～1979	Q	2010～2019
D	1900～1909	H	1940～1949	M	1980～1989	R	2020～2029

例：ある分野の1962年の出版物で受入順が３番目の図書　　K２－３

ランガナタンの年代記号の適用（例）

（１）	（２）	（３）	（４）	（５）	（６）
023	016.2	010.4	808.63	024.1	017
Q	N３	N８	P１	P１	Q１
（７）	（８）	（９）	(10)	(11)	(12)
010.28	016.2	588.09	017	498.36	014.32
P７	P	P	N９	P	P５
(13)	(14)	(15)	(16)	(17)	(18)
010.1	013.8	007.5	014.7	014.3	010.28
Q１	N９	Q	Q	P８	Q２
(19)	(20)	(21)	(22)	(23)	(24)
015.2	302.2	016.11	010.7	017	015
P５	Q１	M３	Q２	Q	P６
(25)	(26)				
010.3	013				
P７	P８				

③補助記号表の作成

次頁のNDC新訂10版　補助記号例によって，次の表の空所に補助記号を記入しなさい。

	一般補助表					固有補助表	
補助記号	形　式※	地　理	日本地方	海　洋	言　語	言語共通	文学共通
1					日本語		
2						語源，語義，意味	戯曲
3		ヨーロッパ					
4				インド洋			
5							日記，書簡，紀行
6			近畿				
7	研究法						
8						方言	
9			九州				

※原則として補助記号の前に0をともなう

参考）『日本十進分類法新訂10版』（NDC新訂10版）補助記号例

形式区分［共通細目］Form division. Common subdivision

−01　理論．哲学
−012　学史．学説史．思想史
−016　方　法　論
−019　数学的・統計学的研究　＊年次統計→ −059
−02　歴史的・地域的論述　＊地理区分
−028　多数人の伝記　＊３人以上の伝記に使用する
−029　地理学的論述．立地論
−03　参考図書［レファレンスブック］
　　＊逐次刊行される参考図書には，この記号を使用する
−031　書誌．文献目録．索引．抄録集
−032　年　　　表
−033　辞典．事典．引用語辞典．用語集．用語索引［コンコーダンス］
−034　命名法［命名規則］
−035　名簿［ダイレクトリ］．人名録
−036　便覧．ハンドブック．ポケットブック
−038　諸表．図鑑．地図．物品目録［カタログ］＊文献目録→ −031
−04　論文集．評論集．講演集．会議録
　　＊⑴非体系的または非網羅的なものに，使用する；体系的または網羅的なものには−08を，逐次刊行されるものには−05を使用する；⑵当該主題を他主題との関連から扱ったもの，または特定の概念・テーマから扱ったものに，使用する
−049　随筆．雑記
−05　逐次刊行物：新聞，雑誌，紀要
　　＊逐次刊行される参考図書には，−03を使用する；ただし，逐次刊行される論文集などには，この記号を使用する
−059　年報．年鑑．年次統計．暦書
−06　団体：学会，協会，会議
　　＊会議録，研究報告→ −04，−05；紀要→ −05
−067　企業体．会社誌
−07　研究法．指導法．教育
−075　調査法．審査法．実験法
−076　研究調査機関
　　＊会議録，研究報告→ −04，−05；紀要→ −05
−077　教育・養成機関
　　＊会議録，研究報告→ −04，−05；紀要→ −05
−078　教科書．問題集
−079　入学・検定・資格試験の案内・問題集・受験参考書
−08　叢書．全集．選集
　　＊単冊の全集などにも使用する
−088　資　料　集

2　主題標目指示の演習

次の図書について，件名標目（『基本件名標目表』（BSH）第4版による）と分類標目（NDC新訂10版による）を指示しなさい。両種の標目は各2以上ある場合がある。また件名標目が与えられていないものがある。標目指示の方法は，NCR1987Ⅲによること。

⇒『情報資源組織法　第3版』p175以降参照

<主題把握の導入>

1　**商法入門講座**　居林次雄著　税務経理協会　（社会科学―法律―商法）
　商法の変遷や商法の特色などを概観し，商法全般を解説したテキスト。

2　**お父さんが教える優しいサイエンス：食，環境，人体，物理**　子供の不思議に答える70の話　田中晴夫著　はまの出版　（4類の各類概説参照）
　身近な疑問からニュースで話題になる科学の話について答える。

3　**建築から図書館をみる**　植松貞夫著　（図書館・情報メディア双書；10）勉誠出版　（主題は，総記―図書館：分類規程参照）
　図書館情報学が直面している問題を，建築計画学の視点と問題意識から考察。

4　**全国美術館ガイド：美術ガイド**　全国美術館会議編　美術出版社　（芸術―美術―団体）
　美術館，美術に関係ある博物館のほかに，民芸館，考古館，郷土館，民俗館と，その主な所蔵品名，開館時間等を紹介。

5　**タンゴの歴史**　石川浩司著　青土社　（芸術―音楽―器楽合奏―ダンス音楽）
　人々を魅了するリズムと調べを持つタンゴの歴史を紹介。

6　**永井荷風とフランス文学：放浪の風土記**　赤瀬雅子著　荒竹出版
　荷風文学の底に流れるフランス文人の水脈を探る。

Ⅳ　目録編成と検索上のポイント

コンピュータ目録では，図書館員がいちいち記入の配列をする必要はない。だが，出力する記入に関しその配列順を理解しておく必要がある。その判断に資するための演習をここで行う。

1　和資料の記入の編成に関する演習

（1）タイトル目録

『日本目録規則1987年改訂３版』（以下「NCR1987Ⅲ」という）に基づき，下記の情報源によって，配列される順に並べ替えなさい。１タイトル全体を一期のようにとらえ，五十音順にする。清濁音，促音，長音は無視。

表記が同じ場合は，タイトルに使用されている文字のうち，画数の少ないものから多いものの順とする。

次に，責任表示，出版者名，シリーズ名，出版年の順とする。巻次があれば出版年に代えて巻次順とする。

タイトル関連情報（副タイトル）は配列対象としない。

なお，記入は省略形をとっている。

⇒『情報資源組織法 第３版』p116参照

① ジキ
　磁気　／　近角聰信編

② ツルギダケ
　劒岳　：　点の記　／　新田次郎著

③ シキ
　史記　／　陳舜臣著

④ レーニン
　レーニン　：　革命のリーダーシップ像　／　M.C.モーガン 著

⑤ シキ
史記 ： 中国古代の人びと ／ 貝塚茂樹著

⑥ ツル ノ オンガエシ
鶴の恩がえし ／ 岡本良雄著

⑦ ツル ノ オンガエシ
つるのおんがえし ／ 松谷みよ子文 ； いわさきちひろ絵

⑧ シキ 2
史記 ／ 司馬遷著 ； 野口定男［ほか］訳
東京 ： 平凡社，1969（中国古典文学全集 ； 11）
中

⑨ ツル ノ オンガエシ
つるのおんがえし ／ 北村芳子文 ； 大工原章絵
東大阪 ： 栄光社，1974（ファンタジック絵本 ； 6）

⑩ シキ
四季 ／ 中村真一郎著

⑪ ツル ノ オンガエシ
つるのおんがえし ／ 大工原章作画
東大阪 ： 栄光社，1971（ファンタジック絵本）

⑫ シキ ノ タビ
四季の旅 ／ 森本哲郎著

⑬ レニングラード
レニングラード便り ／ 岸田泰政著

⑭ ツル ノ オンガエシ
つるの恩がえし ／ 岡本良雄文

⑮　シキ　1

史記　／　司馬遷著　；　野口定男［ほか］訳

東京　：　平凡社，1968（中国古典文学大系　；　10）

上

⑯　ツルギダケ

剣岳　日本山岳写真集団写真

⑰　レーニンケ　ノ　ヒトビト

レーニン家の人びと　／　マリエッタ・シャギニャン著

⑱　シキ　1

史記　／　司馬遷著　；　野口定男［ほか］訳

東京　：　平凡社，1972（中国の古典シリーズ　；　1）

上

（2）著者目録

NCR1987Ⅲに基づき，下記の情報源によって，配列される順に並べ替えなさい。

五十音順にする。清濁音，促音，長音は無視。

表記が同じになった場合は，姓に使用されている文字のうち，画数の少ないものから多いものの順とする。

次に，名に使用されている文字を同様の順とする。

同一人物に関する異表記については，その図書館の典拠ファイルで統一標目を設定する（典拠コントロール）。

なお，記入は省略形をとっている。

⇒『情報資源組織法 第3版』p117参照

①　ゴトウ，シゲオ
　　伝二条為氏筆新古今和歌集
　　後藤重郎編
　　2冊
　　上

②　ゴトウ，リュウジ
　　天使で大地はいっぱいだ　／　後藤竜二著
　　東京　：　講談社，1968

③　ゴトウ，シゲル
　　生物薬剤学と薬物相互作用　／　後藤茂訳

④　ゴトウ，シゲル
　　オウエン自叙伝　／　五島茂訳

⑤　ゴトウ，サブロウ
　　細井平洲・廣瀬淡窓集　／　後藤三郎解説

⑥　コッローディ，C
ピノッキオの冒険　／　C・コッローディ著　；　杉浦明平訳
東京　／　岩波，1975

⑦　ゴトウ，リュウジ
天使で大地はいっぱいだ　／　後藤竜二著
東京　：　講談社，1978
（講談社文庫）

⑧　ゴトウ，シゲオ
伝二条為氏筆新古今和歌集
後藤重郎編
２冊
下

⑨　コルローディ，C
ピノッキオのぼうけん　／　C・コルローディ著　；　安藤美紀夫訳
東京　：　福音館書店，1975

⑩　ゴトウ，メイセイ
思い川　／　後藤明生著
東京　：　講談社，1975

⑪　コトウ，サブロウ
リース会計　／　古藤三郎訳

⑫　ゴトウビジュツカン
茶道具の流れ　／　林屋晴三著　；　五島美術館編

⑬　ゴトウ，リュウジ
天使で大地はいっぱいだ　／　後藤竜二著
東京　：　講談社，1980
（講談社文庫　青い鳥文庫）

⑭　ゴトウ，タケシ
ドイツ語第一歩　／　後藤武著

⑮　ゴトウ，メイセイ
思い川　／　後藤明生著
東京　：　講談社，1978
（講談社文庫）

⑯　ゴトウ，リュウジ
おかあさんのスリッパ　／　ごとうりゅうじ文

⑰　ゴトウ，タケシ
西洋文学概論　／　後藤武士著

⑱　ゴトウ，シゲオ
新作小学校劇本選 中級　／　後藤志げお

2　洋資料の記入の編成に関する演習

（1）タイトル目録

『ALA filling rules 1980』（「ALA配列規則1980」）に基づき，下記の情報源によって，配列される順に並べ替えなさい。

語順配列，File as isの原則に注意。

⇒『情報資源組織法 第3版』p285参照

A　タイトルの配列

ハイフンで結ばれた語で，各部分が単独で使われる場合は，それぞれの部分を独立した語として扱う。

① Interesting people
② Internal-combustion engine
③ International law
④ International yearbook of politics
⑤ International year-book of zoology
⑥ Interamerican statistical yearbook
⑦ Internal Revenue Service
⑧ International year book of young adults
⑨ Inter-American affairs
⑩ Inter American communication network

B　数字を含むタイトルの配列

数字は文字に変えず，数字のまま配列する。

① Number forty
② Number games and stories
③ Number 44
④ No. 5 John Street
⑤ No and yes
⑥ Number Nip
⑦ No. 19
⑧ No. 5 Cheyne Row
⑨ Number 87
⑩ Number eight

C　略語を含むタイトルの配列

略語は正式名に変えず，略語のまま配列する。

① Doktor Mamlocks Ausweg
② A l'aube
③ Dr. Mabuse der Spieler
④ ALA and you
⑤ A. L. A. Library Resources Division
⑥ Dr. Benjamin Franklin's Library
⑦ ALAM Committee on Accounting
⑧ ALA filing rules
⑨ A la California
⑩ Doctor Watson's diary

D　団体名の元でのタイトルの配列

まずは団体名で配列する。

① National Botanical Institute（U. S.）
Official guide. － New York：J. Allen, 1981.

② National Botanical Institute（U. S.）
Official guide. － New York：Macmillan, 1984.

③ National Botanical Institute of Australia
Official guide. － Sydney : Adams, 1979.

④ National Botanical Institute（Canada）
Official guide. － Ottawa：Mancel, 1980.

⑤ National Botanical Institute（U. K.）
Official guide. － London：Smith, 1981.

⑥ National Botanical Institute（India）
Official guide. － Bombey：R. G. Kenneth, 1984.

⑦ National Botanical Institute（U. S.）Personnel Section.
Staff directory. － New York：Praeger, 1979.

⑧ National Botanical Institute（U. S.）Statistical Section.
Statistical handbook. － Atlanta：Adams, 1976.

⑨ National Botanical Institute（U. S.）
Official guide. － Los Angels：Macmillan, 1985.

⑩ National Botanical Institute（U. S.）Engineering Section.
Staff manual. － New York：Kate. 1975.

（2）著者目録

「ALA配列規則1980」に基づき，下記の情報源によって，各問ごとに配列される順に並べ替えなさい。

姓を先にし，そのあとにファーストネーム，セカンドネームの順で配列する。なお，姓には，複合姓があることに注意。

⇒『情報資源組織法 第3版』p285参照

A　ウムラウトを含む著者の配列

ウムラウトは無視し，「o」として配列する。

① Göbl, Wilhelm
② Göhler, Georg
③ Goedorp, Victor
④ Göller, Adolf
⑤ Göllerich, August
⑥ Göcking, Wilhelm
⑦ Goelzer, Henri
⑧ Goecke, Rudolf
⑨ Gödel, Vilhelm
⑩ Goedeke, Karl

B　Mac, Mc, M'を含む著者の配列

それぞれ「Mac」に直さず，そのまま配列する。

① MacCallum, David
② McCarthy, Joseph
③ M'Kendrick, Charles
④ MacArthur, Douglas
⑤ Machiavelli, Niccolo
⑥ Mackenzie, Kenneth
⑦ Macbeth, James
⑧ Mckinley, Thomas
⑨ M'Loughlin, Peter
⑩ Macmillan, Robert

C　同姓同名が複数いた場合の配列

姓と名が同じ標目は，名称表示があって生没年のないものをまず配列し，ついで生没年の順に配列する。

① Caesar, Julius, F. I. P. S
② Caesar, Julius, A.
③ Caesar, Julius, 245–279
④ Caesar, Julius, 1914–
⑤ Caesar, Julius, b. 1817
⑥ Caesar, Julius, d. 1829
⑦ Caesar, Julius, 1819–1840
⑧ Caesar, Julius, 1800–1859
⑨ Caesar, Julius, 356–311 B. C
⑩ Caesar, Julius, 1826–1883
⑪ Caesar, Julius, 1696–1742
⑫ Caesar, Julius, fl 1854
⑬ Caesar, Julius, 1900 Jan. 10–
⑭ Caesar, Julius, Captain
⑮ Caesar, Julius, 1900 Mar. 2–
⑯ Caesar, Julius, d. 1826
⑰ Caesar, Julius, 1878–
⑱ Caesar, Julius, 1900 July 18–
⑲ Caesar, Julius, 1715–1766
⑳ Caesar, Julius, 1610–1680

D　前置語を伴う固有名の配列

いずれも１語として扱う。

① Van den Berg, Steevens

② Vandenberg, Arthur

③ Delatorre, W. T. (Willy Thomas)

④ De la Torre, James

⑤ Vanden Berg. Clemence

⑥ Delatorre. White

⑦ De la Tour. Adams

⑧ Delatour. Strong

⑨ Delatorre. W. T. (White Tames)

⑩ Delatorre. W. (White)

補記：編者と苦悩

志保田務（編集代表）

演習には演習用のツールが不可欠ですが，ここでは書誌データ作成のための書誌作成基準（目録規則），主題検索のための主題表（分類規則，件名標目表）がツールとなります。和資料の組織化では，書誌作成基準に関して『日本目録規則』（NCR）1987年版改訂３版および2020年版を，そして主題に関して『日本十進分類法　新訂10版』（NDC10版）と『基本件名標目表 第４版』（BSH第４版）をツールとしています。上記の三ツールはすべて日本図書館協会から発行されており，相互間に関連性があります。と言うのは，書誌データはNCRに従い作成され，その作成される各書誌記録内の記事の一部として「件名」や「分類記号」が記録されるのです。件名はBSHに，分類記号はNDCによっています。一方，これらの三ツールは，ツールとして機能すると同時かそれ以前の段階で，それ自体が書誌記録の対象となります。つまりそれら自体が書誌記録となるのです。それぞれの書誌記録が，各タイトルページ裏に，CIP（カタロギング　イン　パブリケーション）として記載されています。

それらのうち『BSH第４版』の別冊１刷と４刷のCIPにおける違いが気になりました。(下線：筆者。両刷対照の都合上，改行具合を直撮から応変)

１刷（1999年）

基本件名標目表：分類体系順標目表 ／ 日本図書館協会件名標目委員会編.　－　第４版.　－　東京　：日本図書館協会，1999.　－　236p.　26cm
ISBN 4-8204-9012-2
1．ケンメイ ヒョウモクヒョウ　a1．ニホン トショカン キョウカイ　S1. 件名標目　①014. 495

４刷（2005年）

基本件名標目表：分類記号順標目表 ／ 日本図書館協会件名標目委員会編.　－　第４版.　－　東京　：日本図書館協会，1999.　－　236p.　26cm
ISBN 4-8204-9012-2
1．ケンメイ ヒョウモクヒョウ　a1．ニホン トショカン キョウカイ　S1. 件名標目　①014. 495

４刷では，下線部分が「分類記号順標目表」に変更されています。１刷のそれ「分類体系順標目表」はまさに誤記でした。両刷の表示情報間には明らかな相異があります。しかし「４刷」は，何のことわりもなく下線部分だけを変更し，注記も何も施さず，１刷と酷似の形でCIPを記しています。それは『NCR1987年版改訂第３版』の2.2.1.1Cは「刷次は記録しない」とするところを理由に，「４刷」といった表示は書誌記録には表さず，出版年は「1999」で通しています。上記NCRには「刷次の表示中に特に改訂，増補等の表示があれば，これを付加的版表示として記録する」とありますが，「表示」が４刷情報源に示されていないため処置のとりようがなかったのかもしれません。ただこのNCRの，タイトル標目に関する規定22.1.0.2の「必要に応じて標目とする」のウ）は「タイトル関連情報」を規定しています。せめてこの規定にだけでも従うならば，４刷対象の書誌記録では「ブンルイキゴウジュン　ヒョウモクヒョウ」がt2.として記され，検索上両者の区別が少しはできたかと思われます。こうなった限り，１刷に関する書誌記録に“書名関連情報「分類体系順標目表」は「分類記号順標目表」の誤記”という注記を，後手ながら書き入れるのが，各書誌作成機関のなすべきことでないでしょうか。それがなされないままに20年余が経っているのです。そもそも，BSH第４版の別冊に関して，「分類体系順標目表」（１刷）や「分類記号順標目表」（４刷）の部分を“タイトル関連情報”として扱ったこと自体に疑問があります。

この「資料」に見るBSHの１刷と４刷の違いは記述中のタイトル関連情報の微変化だけで，検索者は識別するでしょうか。何とかしたいものです。この別冊を独立の記録対象と考えるなら，「分類記号順標目表・階層構造標目表」は本タイトルかその一部とすべきものです。この別冊を本表（『基本件名標目表第４版』）のまさに「別冊」（同規則2.1.1.1B）と見たとしても結果は同じです。また「付属資料」と判断したところで形態事項（同2.5.4）欄に記すとの規定にはまり奇態です。

上記ではBSH第４版に関して別冊の１刷と４刷の揺れを俎上に批判してきましたが，実はBSH第４版本体そのものの４刷に１刷との大改変があります。この改変はタイトルに変更がないため４刷の本体書誌記録は１刷のまま，内容に変更をもち，その実態は別版における齟齬の場合より深刻です。

本体の「序」（p.10）に次の規定があります。「９（８）c.同一標目のもとに時代細目とその他の細目があるときは，その他の細目の群を先におき時代細目の群を後においた。」

例　西洋史 — 年表（上行「世界史—年表」，下行「世界史—近世」に代え
　　検討します）
　　西洋史 — 原始時代

資料

標題紙

＜1刷＞

基本件名標目表

第　4　版

分類体系順標目表・階層構造標目表

日本図書館協会件名標目委員会　編

社団法人

日本図書館協会

1999

奥付

基本件名標目表（BSH）第4版　分類体系順標目表・階層構造標目表

セット定価：本体6700円（税別）（分売不可）

1956年2月25日　初　版　第1刷　発行
1999年7月30日　第4版　第1刷　発行

編　者　社団法人　日本図書館協会件名標目委員会
発行者　社団法人　日　本　図　書　館　協　会

CIP

基本件名標目表　：　分類体系順標目表・階層構造標目表　／　日本図書館協会件名標目委員会編.　—　第4版.　—　東京　：　日本図書館協会,　1999.　—　236p　；　26cm
ISBN4-8204-9912-2

t1.　キホン　ケンメイ　ヒョウモクヒョウ　a1.　ニホン　トショカン　キョウカイ
s1.　件名標目　①014.495

資料

標題紙

＜4刷＞

基 本 件 名 標 目 表

第　4　版

分類記号順標目表・階層構造標目表

日本図書館協会件名標目委員会　編

社団法人

日本図書館協会

1 9 9 9

奥付

基本件名標目表（BSH）第４版　分類記号順標目表・階層構造標目表

セット定価：本体6700円（税別）（分売不可）

1956年２月25日　初　版　第１刷　発行
1999年７月30日　第４版　第１刷　発行
2005年６月30日　第４版　第４刷　発行

CIP

基本件名標目表　：　分類記号順標目表・階層構造標目表　／　日本図書館協会件名標目委員会編　―　第４版.　―　東京　：　日本図書館協会,　1999.　―　236p　；　26cm
ISBN4-8204-9912-2

t1. キホン　ケンメイ　ヒョウモクヒョウ　a1. ニホン　トショカン　キョウカイ
s1. 件名標目　①014.495

続いて「d.時代細目はその年代順に排列した。」とあります。

世界史 — 古代
世界史 — 中世
世界史 — 近世
世界史 — 近代

音順標目表で１刷は左列のとおり五十音順列。４刷は右列の時代順です（下線：筆者）。

世界史 — 近世	世界史 — 辞典
世界史 — 近代	世界史 — 史料
世界史 — 古代	世界史 — 年表
世界史 — 辞典	世界史 — 古代
世界史 — 史料	世界史 — 中世
世界史 — 中世	世界史 — 近世
世界史 — 年表	世界史 — 近代

同様の誤記は１刷において，時代細目関係の全箇所他に及びます。この誤記発生原因は，「序」にて，「時代順排列」としたにもかかわらず全体の排列をコンピュータに頼り単純な五十音排列に堕したためです。４刷はそれを訂正したが，表向きは１刷と同一なのです。

記録対象（原本）の情報源，および書誌情報上では１刷から変更なきよう装っている，４刷を対象とした記録（それは新たな記録とならないことも考えられます）は，実際に重要な変更があります。これはタイトル関連情報の微変化をそっと書き換えた４刷別冊以上に困ったものです。つまるところ『BSH第４版』１刷は，本体内容，別冊の関連情報に誤りがあり，その上でデータを作成したが，４刷で本体の内容を静かに書き直したがその処置を目録情報に載せていません。誤記，訂正情報を１刷に戻って加記すべきものと考えます。

このように多少突っ込んで言うのは，BSH第４版の20年前の１刷が大学における司書養成課程等で大量に所蔵され，演習に使用され，ツールとして使用されているからです。中には４刷と併用する例があるかもしれません。いずれも演習者（教師，学生）には残酷です。

せめて書誌作成機関（国立国会図書館：NDL，国立情報学研究所：NII）などで書誌情報，目録データを上記のように正して，データ活用館に伝達してほしいと思います。また現物に関しては，正誤表をJLAで作成し，１刷を購入した司書養成機関に送っていただけると助かります。ネットの時代ですからこうしたことは，作業的には楽々できるでしょう。ただ，実行すべきという認識があるかどうか，その問題です。

最近，大阪で大学講師をしている友人の先生から下記のようなメールをいただきました。

「国立国会図書館に全幅の信頼を寄せていたのですが，典拠録の誤りに気づき同館に問い合わせました。

吹田，智章，1952- ID 00687098

スイタ，トモアキ

出典　暗号のすべてがわかる本／吹田智章 著　奥付

〈https://id. ndl. go. jp/auth/ndlna/00687098〉

しかし現物を見ると

奥付　著者プロフィールには〈すいた　としあき〉Copyright ©2018 Toshiaki Suitaとあります。NDLからは概略下記のような回答をいただきました。

このたびはご指摘，ありがとうございました。機械的な読み振りをしたままで正しい読みが記録できていなかったものとなっています。ご指摘いただいたとおり，資料から吹田智章氏の読みは「スイタ，トシアキ」であることが確認できました。訂正します。と。

出典は［その本の奥付］とされたのですが，実際の奥付には上記のヨミが明示されていたのです。」

書誌作成は，難しく，そのツール作り（典拠ファイルの作成，維持）には御苦労がありますが，誤りのある場合はせめて上記NDLのように適宜訂正したいものです。ツールに従って演習する皆様の御苦労に思いを馳せつつ，補記とします。

◉著者略歴と執筆分担一覧

志保田　務（しほた　つとむ）

桃山学院大学名誉教授　日本図書館研究会理事・図書館サービス研究グループ代表・国際図書館情報学会日本支部（I-LISS JAPAN）会長・図書館を学ぶ相互講座主宰。博士（図書館情報学）。

1978年桃山学院大学社会学部，文学部，経営学部教授，統合研究所長，情報センター長。元日本図書館協会図書館学教育部会長。主な著書は『日本における図書館目録法の標準化と目録理論の発展に関する研究』（学芸図書）ほか多数。

前川　和子（まえかわ　かずこ）

桃山学院大学特別研究員

慶應義塾大学文学部卒業。大阪教育大学大学院教育学研究科修士課程，筑波大学大学院図書館情報メディア研究科博士後期課程単位取得満期退学。大谷女子短期大学図書館，大阪大谷大学図書館，堺女子短期大学専任講師，大阪大谷大学准教授を経て2015年３月まで大手前大学教授。博士（経営学）。主な著書は『図書館実習Q＆A』（共著）（日本図書館協会），『情報資源組織論：よりよい情報アクセスを支える技とシステム』（共著）（ミネルヴァ書房）など。

中村　惠信（なかむら　よしのぶ）

神戸松蔭女子学院大学教授

大阪府立大学学術情報センター図書館，大阪府公文書館，大阪府立大学羽曳野図書センターを経て，2012年より現職。主な著書は『情報サービス：概説とレファレンスサービス演習』（共著）（学芸図書），『資料・メディア総論：図書館資料論・専門資料論・資料特論の統合化』（共編著）（学芸図書），『情報資源組織論：よりよい情報アクセスを支える技とシステム』（共編著）（ミネルヴァ書房）など。

園田　俊介（そのだ　しゅんすけ）

愛知県津島市立図書館館長

中央大学大学院文学研究科博士後期課程（東洋史学）単位取得後，麻布大学非常勤講師。2007年より現職。愛知学院大学司書講習講師を兼務。主な著書は

『津島市立図書館編年資料集成：1895―2015』（津島市立図書館），『図書館情報資源概論』（分担編集）（ミネルヴァ書房）など。

柳　勝文（やなぎ　かつふみ）
龍谷大学文学部教授
早稲田大学第一文学部卒業。同志社大学大学院アメリカ研究科博士課程前期課程修了。国際日本文化研究センター（図書関係事務）などを経て現職。

高鷲　忠美（たかわし　ただよし）
八洲学園大学元教授
東京学芸大学元教授

＜出典・参考文献＞

・もり・きよし原編，日本図書館協会改訂『日本十進分類法新訂10版』日本図書館協会，2014

・もり・きよし著『日本著者記号表改訂版』日本図書館協会，1989

・日本図書館協会編『日本目録規則1987年版改訂３版』日本図書館協会，2006

・日本図書館協会編『基本件名標目表第４版』日本図書館協会，1999

・Anglo-American cataloging rules, second edition, 2002 revision, 2005 update. American Library Association, 2005.

・志保田務・高鷲忠美編著，志保田務・前川和子・家禰淳一改訂『情報資源組織法　第３版』第一法規，2021

・木原通夫・志保田務・高鷲忠美著『資料組織法演習問題集　赤版《第３版》』第一法規，2002

サービス・インフォメーション

通話無料

①商品に関するご照会・お申込みのご依頼
TEL 0120 (203) 694／FAX 0120 (302) 640

②ご住所・ご名義等各種変更のご連絡
TEL 0120 (203) 696／FAX 0120 (202) 974

③請求・お支払いに関するご照会・ご要望
TEL 0120 (203) 695／FAX 0120 (202) 973

●フリーダイヤル（TEL）の受付時間は、土・日・祝日を除く9:00～17:30です。

●FAXは24時間受け付けておりますので、あわせてご利用ください。

情報資源組織法　演習問題集《第３版》

2021年３月30日　初版発行　©

編　著　　志保田務・高鷲忠美

改　訂　　志保田務・前川和子・柳勝文・中村惠信・園田俊介

発行者　　田　中　英　弥

発行所　　第一法規株式会社
〒107-8560　東京都港区南青山2-11-17
ホームページ　https://www.daiichihoki.co.jp/

組織法演習３版　ISBN 978-4-474-07258-9　C2000（7）